AF329831

Le P. Menestrier naquit à Lyon en 1631. Il y fit ses études, et passa dans le collège de cette ville la plus grande partie de sa vie; il enseigna les Dannas [?], et amené à Paris où il prêcha avec quelque succès. Il y mourut en 1705. Son grand talent était pour le blason, les généalogies et l'histoire pour les devises et les emblèmes, les processions et les fêtes de collèges. Il nous a donné une infinité d'ouvrages sur ces matières; il a en projet d'entreprendre une histoire de la ville de Lyon qu'il n'a pu point parachever. Les savantes prétentions de ceux qui étaient bon théologien et grand ecclésiastique.

Cette bibliothèque d'histoire de [......] avant tout la Louis 14, par médailles, a été [......] par M. de l'académie des Inscriptions; elle est sous la direction de ces messieurs, et a été mal entendue; mais on y trouve des choses singulières à quelque époque intéressante, quelques anecdotes curieuses, et en particulier le thème et la nativité de Louis 14. Les médailles qui composent cette histoire ont été tirées du cabinet de la chaire conservateur de [......]. Les types et les inscriptions sont de l'invention de MM. Charpentier, Perrault, et la [......]; mais le sieur [......] en a dessiné une partie, et quelques-uns des premiers sont de feu M. Varin.

On trouve dans l'ouvrage une liste de monnaies, les nominations des mes[......] [......] tout le [......] et [......] d'autres choses.

Est à une 2.de éd.on la 1.re est de 1689 moins belle et moins ample. ☉

HISTOIRE
DU REGNE
DE
LOUIS LE GRAND
PAR LES MEDAILLES,
EMBLEMES, DEVISES, JETTONS,
INSCRIPTIONS, ARMOIRIES,
& autres Monumens publics.

Recueillis & Expliquez par le Pere

CLAUDE FRANÇOIS MENESTRIER
DE LA COMPAGNIE DE JESUS.

EDITION NOUVELLE,
Corrigée & augmentée d'un Discours sur la Vie du ROY,
& de plusieurs Medailles & Figures.

A PARIS,

Chez {
ROBERT PEPIE, rue Saint Jacques a l'Image Saint Basile, au dessus
de la Fontaine Saint Severin
ET
J. B. NOLIN, Graveur du Roy, sur le Quay de l'Horloge du Palais,
proche la rüe de Harlay, a l'Enseigne de la Place des Victoires.

M·DC·XCIII·
AVEC PRIVILEGE DU ROY.

Dominique Guidi Celebre Sculpteur de Rome a fait en Marbre ce Groupe de l'Histoire qui tient la Medaille du Roy, et les Annales de son Regne sur les Espaules du Temps, tandis que l'Envie renversée sous
les Pieds de l'Histoire s'efforce en vain de la detourner de son Entreprise: sous les Pieds du Temps sont les
Faisseaux Consulaires, et des armes que le Temps detruit Insensiblement les Medailles d'Alexandre, de Scipion, de Iules Cesar, et de Trajan sont a Coste de l'Histoire un peu rongées sur les Bords, parce que le Temps
fait tousjours quelque Breche a la Memoire des grands Hommes, et en feroit de plus considerables si l'Histoire
ne prenoit soin de conserver le souvenir de leurs Grandes Actions.

FRANCISCVS MENESTRIER SOCIETATIS IESV SACERDOS CLAVDIVS

Aux Augustes Enfans de France

LOVIS DVC DE BOVRGOGNE,

PHILIPPE DVC D'ANJOV,

CHARLES DVC DE BERRY,
Fils

DE LOVIS DAVPHIN DE FRANCE.
Petits Fils

DE LOVIS LE GRAND.

l'Invincible, le Sage, le Conquerant,
la Merueille de son siecle,
la Terreur de ses Ennemis,
l'Amour de ses Peuples,
l'Arbitre de la Paix, et de la Guerre,
l'Admiration de l'uniuers,
et digne d'en estre le Maistre.

CLAVDE FRANÇOIS MENESTRIER DE LA COMPAGNIE DE IESVS

Offre auec vn Profond Respect

LE MODELE D'VN HEROS ACHEVE'

en leur Presentant les Images de l'Histoire d'vn Regne
Digne de l'Immortalité
et de la Veneration de tous les Siecles.

INTRODUCTION
A
L'HISTOIRE DU REGNE
DE
LOUIS LE GRAND
Par les Medailles & autres Monumens.

JE consacre à la Posterité les augustes Monumens d'un Regne digne d'éternelle memoire. C'est le Regne de LOUIS LE GRAND, dont la gloire est si bien representée dans le Type d'une Medaille de 1645. où la France assise à la porte du Louvre éleve la Medaille de ce Prince qu'elle veut montrer à tous les temps, comme le parfait modele des Rois, & le digne heritier des Vertus, aussi bien que de la Couronne de tant de Monarques ses illustres Predecesseurs, dont les Medailles composent une espece de guirlande ou de diadème qu'elle tient dans l'autre main.

Les principaux évenemens de la Vie de ce Heros sont exposez en

tant d'ouvrages publics, que le Monde entier est comme rempli de
sa gloire, selon une autre de ses Medailles, où la Renommée enfle sa
trompette & vole audessus du globe terrestre, pour aller porter le
recit des actions merveilleuses de ce Monarque, dans tous les endroits de la terre, où il y a des hommes capables de les entendre.

C'est à ces Monumens que je m'attache pour donner l'Histoire de
son Regne d'une maniere nouvelle. Aussi bien la Vie des Heros peut
être considerée de plusieurs vûës differentes, & ce ne sont pas les
seules actions militaires & politiques qui établissent leur gloire. Les
Lettres, les Arts, le Commerce, les nouveaux Etablissemens, les
Festes, les Spectacles, & les Edifices publics ne sont pas moins des
preuves éclatantes de leur grandeur & de leur magnificence, que les
negotiations, & les actions militaires le sont de leur sagesse & de
leur valeur.

Je m'arreste principalement à décrire ce que le Roy a fait pour la
RELIGION, pour la JUSTICE, pour les SCIENCES, pour les
ARTS, & pour la MAGNIFICENCE, laissant à de plus grands
Genies à penetrer dans les secrets du Cabinet, & à representer les
actions surprenantes sur lesquelles tous les yeux du monde sont ou-
verts depuis tant d'années.

C'est ainsi que Suetone a écrit les Vies des Cesars avec tant de
varieté, que je ne sçay s'il y a rien qui attire autant la curiosité des
Lecteurs, que ces Histoires remplies d'une infinité de choses, qui
quelque legeres qu'elles paroissent à les prendre separément ne laissent pas de faire un tout ensemble, qui instruit & qui divertit.

C'est ainsi qu'Olivier de la Marche a donné une haute idée de la
magnificence des Ducs de Bourgogne en décrivant les pas d'armes,
les festins, les entrées solennelles, & les divertissemens de la Cour
de ces Ducs, dans ses Memoires plus agréables à lire, que les fati-

Page 2

gantes Chroniques de Monſtrelet, qui a raconté leurs guerres avec nos Rois, & d'autres Princes leurs voiſins.

Il y a trois ou quatre ans que je donnay comme une ébauche de ce grand deſſein, en publiant ce que j'avois pû recüeillir de Medailles, de Jettons hiſtoriques, de Deviſes, & d'autres Monumens faits à la gloire du Roy, ſans avoir pû les placer ſelon l'ordre des temps auſquels ils ſe rapportoient, parce que la plûpart des Medailles ſe frappoient actuellement, ſelon que les Types étoient fournis aux ouvriers. Il s'en fait encore de nouvelles qui ne ſçauroient eſtre placées ſelon l'ordre des évenemens, puiſqu'on en fait tous les jours pour des actions qui regardent les premieres années du Regne. C'eſt ce qui m'a obligé de mettre au devant un ſommaire de la Vie du Roy, où l'ordre des temps eſt obſervé avec les renvois aux Medailles qui marquent ces évenemens.

Les Hollandois, qui depuis quelques années ſe ſont mis en poſſeſſion de remplir le monde de méchans Libelles, de Gazettes & de Medailles ſcandaleuſes, ont contrefait la premiere édition de ce Livre, & l'ont rempli d'ignorances, & d'un Supplément de cinq planches de Medailles autant inſolentes en leurs Types & en leurs Legendes, qu'elles ſont d'ailleurs mal gravées, & encore plus mal expliquées. C'eſt le genie des Heretiques. Ce qu'ils ont fait depuis leur double défection, de la Religion & de l'obéïſſance düe à leurs legitimes Souverains devoit avoir preparé le public à ces malignitez groſſieres, qui ne meritent pas une plus ample refutation, puiſqu'elles ſe détruiſent d'elles-mêmes auprés des perſonnes qui ont du bon ſens & de la raiſon.

La Medaille represente la disposition du ciel au point de la naissance du Roy, le 5. Septembre 1638. a onze heures 22 minutes suivant Midy, avec ces mots LEVER DV SOLEIL DE LA FRANCE. les Fleuves conduit le char du Soleil, parcequ'il naquit au milieu des Victoires de son Pere.

NATIVITAS LVDOVICI XIIII. GALLIÆ et NAVARRÆ REGIS CHRISTIANISSIMI.

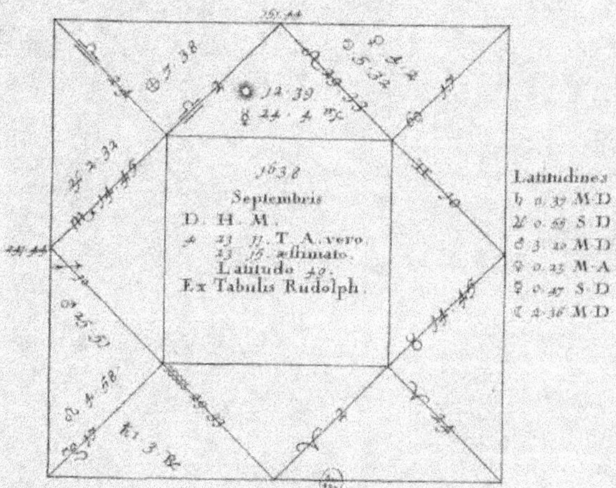

HISTOIRE
DU REGNE
DE
LOUIS LE GRAND.

E ROY LOUIS XIII. à qui l'ordre rétabli dans ses Estats, & les factions des Heretiques dissipées avoient acquis le nom de JUSTE, voyoit son Regne rempli de prosperitez. La seule chose qui manquoit à son bonheur estoit l'esperance d'avoir un Fils, qui assuraît la succession de sa Couronne & le repos de ses peuples. La devotion qu'il avoit à SAINT LOUIS dont il portoit le nom, & dont il se proposoit d'imiter les Vertus & la conduite dans le gouvernement de ses Estats, luy donna la confiance de recourir à ce Saint pour obtenir un Fils qui pût luy succeder. Il resolut pour ce sujet de bastir un Temple magnifique ; & comme il avoit choisi pour Directeurs de sa conscience les Peres de la Compagnie de JESUS, qui n'avoient point encore dans Paris d'Eglise

affez propre pour exercer leurs fonctions, il jetta les yeux fur la Maifon Pro-
feffe de la rüe Saint Antoine, que le Cardinal de Bourbon avoit fondée, &
le feptiéme de Mars l'an mil fix cens vingt-fept, il mit la premiere pierre de
ce nouvel Edifice, avec cette infcription.

A L'HONNEUR DE DIEU TRES-BON ET TRES-GRAND

ET DE SAINT LOUIS,

QUI PAR SA VALEUR, ET PAR SES ARMES A CHERCHÉ

A NE FAIRE DU MONDE ENTIER QU'UN TEMPLE CONSACRÉ

AU CULTE DE DIEU.

LOUIS XIII. A DRESSÉ CELUY-CY, L'AN 1627.

AFINQUE TOUTE LA FRANCE Y REVERE COMME UN SAINT

CELUY QU'ELLE A RESPECTÉ COMME SON ROY,

ET AIMÉ COMME SON PERE.

Deux Medailles accompagnoient cette infcription. En l'une eftoit le Bufte
de SAINT LOUIS avec toutes les marques de fa dignité, le Sceptre, la
Couronne & la Tunique femée de Fleurs-de-Lys. Le cercle de lumiere qui
environne fa tefte, eft la marque dont l'Eglife a coutume de fe fervir pour
diftinguer les Saints à qui elle rend des honneurs publics. Et la Legende apprenoit qu'au lieu de la dignité Royale que ce Saint avoit autrefois poffédée,
DIEU LE FAISOIT REGNER DANS LE CIEL, ET LA TERRE LUY
CONSACROIT DES AUTELS.

Le revers de cette Medaille eftoit la façade du Temple que le Roy entre-
prenoit de baftir, avec cette infcription qui en faifoit connoître le Fondateur.
LOUIS XIII. PAR LA GRACE DE DIEU, ROY DE FRANCE
ET DE NAVARRE L'A FONDÉ L'AN 1628.

Dans l'autre Medaille eft la Tefte du Roy armé, avec l'Echarpe & la Fraife
felon l'ufage de ces temps là. Et l'infcription, dit que ce Prince APRES AVOIR
VAINCU COMME DAVID, BASTISSOIT COMME SALOMON.

Le revers eftoit une autre infcription. A DIEU TRES-BON ET TRES-
GRAND, ET A SAINT LOUIS, LOUIS XIII. A ELEVÉ CET EDIFICE
POUR AVOIR POUR INTERCESSEUR EN L'AFFAIRE DE SON SALUT,
CELUY QU'IL RECONNOÎT COMME L'UN DE SES ANCESTRES,
ET DONT IL A L'HONNEUR DE PORTER LE NOM.

Cet ouvrage n'ayant efté achevé que l'an mil fix cens quarante-un, trois
ans aprés la naiffance du Prince que le Roy avoit demandé au Ciel, le neufiéme
Juin jour de l'Afcenfion de noftre Seigneur fut choifi par fa Majefté pour
faire l'ouverture de cette Eglife. Le Cardinal Duc de Richelieu y celebra
la premiere Meffe à laquelle le Roy & la Reine communierent, & rendirent

avec toute la Cour de solennelles actions de graces à Dieu & à Saint Louis
pour la naissance de cet Enfant, si long-temps desiré, & l'on y chanta ces Versets
du Pseaume 20.

Seigneur, le Roy se réjouira dans vostre force, & il tressaillera d'allegresse
dans le salut que vous luy avez donné. Vous avez accompli les desirs de son cœur,
& vous n'avez point rejetté la priere de ses levres.

La Reine joignit ses vœux à ceux du Roy son Espoux, & considerant Sainte
Geneviéve comme la Patronne de nos Rois, & la Protectrice du Royaume
depuis Clovis, qui avoit de grands égards pour cette vertueuse fille, la Reine,
disje, eut recours à cette Sainte, & pour l'honorer dans le lieu mesme de sa
naissance qui est le Bourg de Nanterre, elle y mit en qualité de Fondatrice
l'an mil six cens quarante-deux la premiere pierre d'une Eglise, qui devoit
estre dédiée à cette Sainte.

Deux Medailles sont les monumens publics de cette action de pieté & de la
reconnoissance des Chanoines Reguliers de Saint Augustin de la Congrega-
tion de France sous le titre de Sainte Geneviéve.

Enfin sur le commencement de l'année mil six cens trente-huit la Reine
apperçeut qu'elle estoit enceinte sans oser d'abord le declarer, parce qu'il y
avoit plus de vingt-deux ans qu'elle attendoit des fruits de son mariage; mais
quand elle eut des indices certains de sa grossesse, elle témoigna au Roy le
desir qu'elle avoit d'implorer le secours du Ciel pour attirer ses benedictions sur
l'Enfant qu'elle portoit.

Le Roy pour seconder ces pieux desirs de la Reine, mit sa Personne & ses
Estats sous la Protection de la Sainte Vierge, & par une Declaration, qui fut
publiée dans toutes les Provinces dépendantes de sa Couronne, il choisit le
jour de la Feste de l'Assomption pour cette ceremonie, ordonnant que par
tout le Royaume, on fit des Processions solennelles, où toutes les Compagnies assisteroient en Corps. Il celebra luy-mesme cette Feste pour la premiere
fois à Abbeville, où il se trouvoit alors, & l'Evêque de Nismes Anthime-Denis
de Cohon prescha devant sa Majesté & toute la Cour, des motifs de cette ceremonie.

Nous n'avons point d'autre Monument public de cette action de pieté qu'un
Jetton, dont l'un des costez represente un Autel antique, sur lequel est posée
la Couronne Royale, le nom de Louis XIII. remplit le panneau quarré de
l'Autel avec cette inscription: GALLIA FUNDATA. *La France affermie.* Au
revers est une petite Chapelle en forme de ruche avec un essain d'abeilles, au
milieu duquel est le Roy, & ces mots dans le cercle exterieur, REGIS AD
EXEMPLUM. *A l'exemple du Roy.*

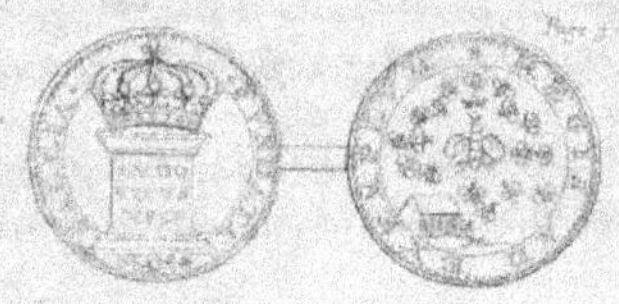

Tout le temps qui s'écoula depuis la Feste de l'Assomption jusqu'aux couches de la Reine ne fut employé qu'à des prieres publiques. Enfin le cinquiéme de Septembre sur les onze heures 22. minutes avant midy nâquit au Chasteauneuf de Saint Germain en Laye, en presence des Princesses du Sang & de Monsieur Gaston-Jean-Baptiste de France Duc d'Orleans Frere unique du Roy, ce DAUFIN demandé par tant de Vœux.

Jean-Baptiste Morin de Ville-franche en Beaujollois, Docteur en Medecine & Professeur Royal des Mathematiques en l'Université de Paris tira la nativité de cet Enfant, & la presenta au Cardinal de Richelieu. La voicy telle qu'il l'a inserée dans son Astrologie Françoise, Liv. 22. sect. 2. chap. 3. p. 555. Comptant les jours à la maniere des Astronomes, qui les supputent d'un midy à l'autre: Il pose cette naissance le quatriéme de Septembre à 23. heures 15. minutes, le cinquiéme jour astronomique ne devant commencer que 45. minutes aprés, c'est-à-dire à midy. Selon cette position, il place l'ascension droite du milieu du Ciel à 152. degrez 47. minutes, & l'ascension oblique de l'Horoscope à 242. degrez 47. minutes. Mais ayant depuis corrigé cette nativité, & l'ayant dressé plus exactement, il mit le point de la naissance à 23. heures 11. minutes. L'ascension droite à 151. degrez 44. minutes, & l'ascension oblique de l'horoscope à 241. degrez 44. minutes.

Le P. Thomas Campanella Religieux de l'Ordre de Saint Dominique qui s'estoit retiré d'Italie en France pour éviter les censures de l'Inquisition sur un nouveau systeme de Philosophie qu'il avoit voulu establir contre la Doctrine d'Aristote, publia qu'au temps de cette naissance le Soleil s'estoit approché de la terre de cinquante-cinq mille lieuës; ce qu'un des Professeurs Royaux de Mathematique refuta comme une vision de ce nouveau Philosophe.

On a fait depuis quelques années une Médaille, où les circonstances de cette naissance sont marquées par un grand cercle divisé en douze parties, qui representent les douze Maisons celestes. Mais la disposition des Planetes n'est pas la même que celle de Morin, ce qui montre le peu de sûreté qu'il y a en ces positions.

Ce n'est pas la seule chose à dire en cette Médaille, puis qu'au lieu de la Tête du feu Roy, qui regnoit au temps de cette naissance, on a mis la Tête du Roy d'apresent dans un âge qui ne convient ni à l'époque de cette naissance, ni à l'âge qu'avoit le Roy quand cette Médaille fut frappée.

Au milieu du grand cercle des douze Maisons, le Prince nouvellement né est sur un Char tiré par quatre chevaux attelez de front, dont la Victoire tient les resnes, & se tournant vers cet Enfant luy presente une Couronne de laurier, & la legende dit que c'est le lever du Soleil de la France, ORTUS SOLIS GALLICI. Sous l'Exergue est le temps de la naissance, SEPT. V. HOR. XI. MIN. XXII. ANTE MERID. MDCXXXVIII. *le 5. Septembre à onze heures 22. minutes avant midy* 1638.

Mr. le Cardinal d'Estrées, pour laisser à la posterité un auguste Monument de ces heureuses circonstances, a fait faire pour SA MAJESTE' un globe

celeste

celeste de treize pieds & demi de diamétre, où l'on a placé les figures des Plané-
tes aux mêmes lieux où elles étoient à la naissance du Roy, avec cette inscription.

A L'AUGUSTE MAJESTE'
DE

LOUIS LE GRAND,

L'INVINCIBLE, L'HEUREUX, LE SAGE,

LE CONQUERANT.

CESAR CARDINAL D'ESTRÉES

A CONSACRÉ CE GLOBE CELESTE,

OÙ TOUTES LES ETOILES DU FIRMAMENT

ET LES PLANETES

SONT PLACEÉS AUX LIEUX MESMES, OÙ ELLES ESTOIENT

A LA NAISSANCE DE CE GLORIEUX MONARQUE

AFIN DE CONSERVER A L'ETERNITE' UNE IMAGE FIXE

DE CETTE HEUREUSE DISPOSITION

SOUS LAQUELLE

LA FRANCE A REÇU LE PLUS GRAND PRESENT

QUE LE CIEL AIT JAMAIS FAIT A LA TERRE.

La rencontre de cette Naissance avec le jour que les Anciens avoient consacré au Soleil, & que l'Eglise a depuis nommé Jour du Seigneur, donna occasion à la Legende de la Médaille, où on lit ORTUS SOLIS GALLICI.
Ce fut sous ce symbole du Soleil que la ville de Paris celebra cette Naissance,
ayant choisi pour sujet du Feu de joye, qui fut tiré devant la porte de l'Hôtel
de Ville, LE SOLEIL NAISSANT. On fit alors tant de Devises sous ce
même symbole du Soleil, que ce fut comme un presage que cet Astre seroit un
jour la devise fixe de SA MAJESTE'. Il n'a point eu d'autre Devise dans les
Carrousels, Courses de Bague & de Têtes, où il a paru plusieurs fois, tantôt
vêtu à la Romaine, tantôt à la Persienne ; il representa aussi le Soleil dans le
célèbre Ballet de la Nuit, qu'il dansa l'an 1653 ; & presque tous les Ouvrages
publics faits sous ce Regne portent la figure du Soleil, ou ses attributs en leurs
ornemens, pour marquer le bonheur & la gloire de la France sous un Regne
si illustre. Voicy les Devises principales faites pour le ROY sous le symbole du
Soleil.

Toute la France reconnut que la Naissance de cet Enfant étoit une faveur du Ciel. Le Roy son Pere ayant appris par la Marquise de Senecey que Dieu venoit de luy donner un Fils, entra dans la chambre de la Reine, mit les genoux à terre pour remercier le Ciel, & voulut que cet Enfant fût aussi-tôt regeneré dans les saintes eaux du Baptême, comme Fils aîné de l'Eglise, remettant à une autre fois les cérémonies qui se pratiquent en la reception de ce Sacrement.

L'Evêque de Meaux Dominique Seguier, frere du Chancelier de France, baptisa le Dausin, & quelques heures aprés, le Roy accompagné des cent Suisses de sa garde, des Princes, du Chancelier, & d'un grand nombre de Seigneurs, alla à la Chapelle du vieux Chateau, où le *Te Deum* fut chanté solennellement.

Le vingt-sixiéme jour de Septembre la Reine voulut être relevée de ses couches, & joindre ses actions de graces à celles de ses Peuples pour la Naissance du Daufin son Fils. Elle fit avertir Philippe de Cospean Evêque de Lizieux, de luy aller dire la Messe dans sa Chambre. Aprés l'Offertoire le Célébrant s'étant tourné, la Reine se leva de son drap-de-pied tendu dans la ruelle de son lit, & prenant le Daufin entre ses bras, elle l'offrit à Dieu comme un bien qu'elle avoit reçû de luy. La Messe achevée, la Reine qui avoit reçû la sainte Communion, reprit une seconde fois le Daufin entre ses bras, & l'ayant presenté à l'Evêque revêtu du Pluvial & de la Mitre, ce Prelat luy mit l'Etole sur la tête, recita sur luy l'Evangile de S. Iean, & quelques autres Prieres, & l'on observa que cet Enfant eut toûjours les yeux arrêtez sur ce Prelat, auquel même il serra la main quand il la luy presenta, aprés l'avoir beni.

La Naissance de cet Enfant fut d'abord considérée comme un gage certain de la Paix entre les deux Couronnes; & le Roy faisant part de cette heureuse nouvelle au Prevôt des Marchands & aux Echevins de la ville de Paris, leur écrivit en ces termes;

A y a n t plû à Dieu de nous donner l'accomplissement de tous nos desirs en la Naissance d'un Fils, duquel la Reine nôtre tres-chere & tres-amée Epouse & Compagne s'est aujourd'huy heureusement délivrée, Nous avons d'autant plus de sujet d'en loüer & remercier sa divine majesté, que nous esperons que ce sera un moyen dont elle voudra se servir pour redonner à la Chrétienté la Paix si universellement desirée.

Une si douce espérance donna lieu de frapper une Médaille, où d'un côté est la Tête du Roy LOUIS XIII. vêtu à la Romaine.

LUDOVICUS D. G. FRANC. ET NAVARRÆ REX.

LOUIS XIII. par la grace de Dieu, Roy de France & de Navarre.

Au revers la Renommée assise sur un Daufin & sur un Anchre, foule aux pieds un tas d'armes, & tient une Couronne d'olivier, symbole de la Paix qu'elle semble promettre au monde par ces mots de la Legende, DELPHINIS FAMA SPES PACIS. *La nouvelle de la Naissance du Daufin, Esperance de la Paix.*

Le Roy plein de reconnoissance envers le Ciel, qui luy avoit donné ce Fils, voulut laisser à la Postérité des marques de sa pieté & de sa reconnoissance en fondant dans la Chapelle du vieux Château de S. Germain un Chapelain & deux Clercs pour offrir à Dieu des Prieres en action de graces de la Naissance de ce Fils, & voulut que le Saint Sacrement y reposât avec toute la décence que demande ce sacré dépôt. Rien ne marque mieux les sentimens du cœur de ce Prince, que la teneur de ses Lettres Patentes pour cette Fondation. En voicy l'Exposé & les motifs.

LOUIS PAR LA GRACE DE DIEU ROY DE FRANCE ET DE NAVARRE. A tous presens & avenir, Salut. Etant obligé par le signalé bénéfice que nous avons reçu du Ciel en la Naissance de nôtre tres-cher & tres-amé Fils le DAUFIN, d'en loüer incessamment la Toute-puissance & bonté divine, & de laisser à la Postérité quelque marque de la reconnoissance que nous avons d'un bien & d'une grace si extraordinaire, après avoir passé vingt-deux ans depuis nôtre Mariage sans avoir de lignée, & cette heureuse Naissance étant arrivée dans le lieu de S. Germain en Laye. Nous avons consideré que n'y ayant en nôtre vieil Château dudit lieu, auquel nous faisons nôtre sejour plus ordinaire, qu'une simple Chapelle en laquelle le saint & sacré Corps de nôtre Sauveur JESUS-CHRIST ne repose point, à cause que jusques à present il n'y a eu aucun Chapelain ni Clercs établis pour y faire résidence, il étoit convenable de faire en ladite Chapelle une Fondation de Service & Prieres ordinaires, selon que le lieu le peut permettre, pour y rendre à l'avenir le culte divin perpetuel, faisant connoître que nous y avons été specialement portez comme à une action de graces à Dieu de cette nouvelle faveur qu'il nous a faite ensuite de tant d'autres, dont il luy a plû de benir nôtre Regne. Sçavoir faisons, Que Nous pour ces causes & autres bonnes considérations à ce nous mouvans, VOULONS & ORDONNONS qu'il soit fait & dressé un Tabernacle sur le principal Autel de ladite Chapelle de nôtre vieil Château de S. Germain en Laye, pour reposer à l'avenir & à perpétuité le Tres-saint Sacrement de l'Autel; qu'ensuite de ce, pour marque perpetuelle de la révérence qui luy est duë, il soit suspendu devant ledit Autel une grande Lampe d'argent de vermeil doré de la valeur de trois mille livres, laquelle luira nuit & jour, & que pour faire en ladite Chapelle le Service & les Prieres ci-aprés déclarées, soit fondé & établi, comme par ces Presentes signées de nôtre main, Nous fondons & établissons un Chapelain & deux Clercs, avec l'entretenement dudit Chapelain, &c.

Il ordonne ensuite les Ornemens, les Prieres, Messes, Litanies, & toutes les autres choses nécessaires.

Donné à Abbeville au mois de Juin l'an de grace 1639. & de nôtre Regne le trentiéme. Signé LOUIS.

Depuis, le Roy à present régnant l'an 1681. le 27. Février ajouta deux Prêtres au Chapelain, au lieu des deux Clercs pour faire le service de cette Chapelle.

La REINE aussi de son côté fonda le Convent & l'Eglise des Loges dans la Forêt de S. Germain, & y établit les Religieux Augustins Déchaussez dans une ancienne Chapelle de S. Fiacre, qu'elle fit dédier à Nôtre-Dame de Graces, en reconnoissance de celle qu'elle avoit reçuë du Ciel en la Naissance de son Fils. Comme leur Convent de Paris avoit été dédié à Nôtre-Dame de la Victoire en action de Graces de celles que Dieu avoit données au feu ROY, & au tems de la Regence, comme le déclarent ces Vers de l'Inscription de l'une des premieres pierres.

> *Hic ubi magnifici jacto fundamine Templi*
>
> *Inceptum consurget Opus, tolletur ad Astra*
>
> DE GRATIIS. *Machina Munifice Titulo decorata* MARIÆ
>
> *Sacra ubi perpetuas statuet Victoria sedes.*
>
> *Seu Divûm Augustis victricia nomina Templis.*
>
> *Prostratæve Aquilæ, dederint, domitive Leones*
>
> *Aut qua Regalis nuper fundamina molis*
>
> *Victrices posuére manus: nam* REGIS & ANNÆ
>
> *Clara notis Templum pretiosa numismata fundant.*
>
> *Æternùm hæc stabit moles, nomenque perenne,*
>
> *Namque tuis istud firmas* LODOÏCE *Trophæis.*
>
> *Sustinet atque suis etiam virtutibus* ANNA.

LE ROY ET LA REINE

VŒUX DE LA REINE RENDUS A LA SAINTE VIERGE.

La Reine pleine de reconnoissance envers le Ciel qui luy avoit donné vn Fils demandé
par tant de vœux Fonda dans la Forest de St Germain en Laye vne Eglise et vn cou-
vent pour les Religieux Augustins dechaussez sous le titre de Nostre Dame de Graces.
Mr le Duc de St Simon en mit la premiere pierre au nom de sa Majesté au mois de Juillet
l'an 1644 avec 4 Medailles. en l'vne la Reine assise sous vn dais tient le sceptre
d'vne main et le caducée de l'autre, et la Legende dit que QVAND VNE REINE PIEVSE
GOVVERNE VN ESTAT IL JOVIT D'VN REPOS ASSVRÉ. Au revers la Reine a
genoux rend graces au Ciel, d'ou la Sainte Vierge, et l'Enfant IESVS luy presentent des
couronnes de Fleurs, et St Augustin vn Caducée symbole de Paix. l'Inscription apprend
que la Reine est egalement heureuse et PAR SA PIETE PAR LE ROY SON ESPOUX,
PAR SES ENFANS, PAR SON CONSEIL, ET PAR LA SAGE DISPOSITION DE SON
ROYAVME

L'Eglise des Loges dans la Forest St Germain est icy representée avec vne Fleur de Lys sur la porte pour
marquer sa Fondation Royale, le feu Roy y tient la Balance, et le Ieune Roy son Fils des Couronnes enfilées
dans vne Espée et le Globe au dessus de la Pointe avec ces Mots LE PERE A TENU LA BALANCE
ET LE FILS REPRENDRA SES DROITS. Au revers la Sainte Vierge Presente le Ieune Fils, et la Legende
dit que SOUS LA PROTECTION DE LA REINE DU CIEL, IL SERA MAISTRE DU MONDE.

VŒUX DE LA REINE POUR LA NAISSANCE DU ROY

CELUY QUI A ESTE LE VŒU DE LA PAIX
ESTABLIRA LA PAIX PAR SES ARMES
VICTORIEUSES

La Reine offre a N. D. de Graces a S.t Augustin et a S.t Fiacre
la Chapelle des Loges dans la Forest S.t Germain et fit par
la Legende de cette Medaille QU'IL EST IUSTE DE RENDRE LES
VŒUX QU'ON A FAIT A LA MERE DE DIEU, A S.t AVGVSTIN
ET A S.t FIACRE

D.O.M.

PIETATIS ET RELIGIONIS ERGO

Anna ab Austria Totius Imperij Gallici Regina Regens Augustissimi, et Triumphantis Galliarum et Navarræ Regis LUDOVICI XIIII. Parens pijssima, hunc primum Lapidem pro Ecclesia Augustinianorum discalceatorum apud S. Germanum in Laya sub titulo Dominæ nostræ Gratiarum, tot tantarumque gratiarum desuper receptarum haudquaquam immemor, apponere voluit mense Iulio 1644.

A DIEU TRES BON ET TRES GRAND

En temoignage de reconnoissance et de Religion Anne d'Austriche Reine Regente de l'Empire François, et Mere du tres Auguste et Triomphant Roy de France et de Navarre LOUIS XIIII. a mis cette Premiere pierre au mois de Iuillet 1644. pour l'Eglise des Augustins dechaussez de S.t Germain en Laye sous le titre de N. D. de Graces en memoire de tant de Graces, et de bienfaits qu'elle reçeus du Ciel.

Naissance heureuse sous le Signe de la Vierge pour
la Naissance du Roy le 5.e Septembre.

Afin que la France ne manque jamais de Grands
succes ou Victorieux Dieu donne succede a un Iuste
Victorieux

Le Roy & la Reine, pour reconnoître un si insigne bienfait, envoyerent dans la Sainte-Chapelle de Lorette un Enfant d'or, representant le Daufin, porté par un Ange d'argent d'un rare travail. Le sieur Sarrazin Sculpteur du Roy, & l'un des plus habiles de son siécle, en avoit fait le modéle. Monsieur de Chantelou qui le porta au Nom de leurs Majestez, alla à Rome le preïenter à Sa Sainteté pour le bénir, avant qu'il fût offert à la SAINTE VIERGE. Cette bénédiction se fit au Vatican le vingt-septiéme de Janvier, & le Gouverneur de Lorette accompagné de tout le Clergé & de plusieurs Chœurs de Musique l'étant allé recevoir à la porte de la Ville, il fut mis sur l'Autel de la Sainte Chapelle à main droite de l'Autel de Nôtre-Dame, avec cette Inscription latine sur le Piedestal.

ACCEPTUM A VIRGINE DELPHINUM
GALLIA VIRGINI REDDIT.

C'est à dire,

La FRANCE *rend à la Sainte Vierge le Daufin qu'elle a reçû d'Elle.*

A côté de cette Figure on mit cette autre Inscription pour servir à la Posterité de Monument de la piété du Roy.

LUDOVICUS XIII. GALLIÆ REX ET NAVARRÆ
POST ANNORUM XXII. STERILES NUPTIAS
ET SUI, REGNIQUE DEDICATIONEM
TOTO REGNO VIRGINI MATRI CELEBRATAM
SUSCEPTO HÆREDE
TANTI DONI AUCTRICEM EAMDEM VIRGINEM
Hoc Munusculo agnoscit,
ET IN LAURETANO EJUS AUGUSTALI
NUNTIO PAULO FREARD DE CHANTELOU
Adorans veneratur.

C'est à dire en nôtre Langue,

LOUIS XIII. *Roy de France & de Navarre, aprés avoir été marié vingt-deux ans sans avoir aucun fruit de son Mariage, ayant obtenu un Heritier de sa Couronne, aprés s'être consacré avec tout son Royaume à la* SAINTE VIERGE *par une Dedicace solennelle, reconnoît par ce Present qu'il doit à la Reine du Ciel ce Fils, & a envoyé Paul Freard pour rendre en son Nom de profonds respects à la Mere de Dieu dans sa Sainte-Chapelle de Lorette.*

Outre cette Image il envoya encore deux Couronnes d'or enrichies de diamans, pour mettre sur la tête de l'Enfant JESUS & de la SAINTE VIERGE.

La joye que causa la Naissance de ce Fils , ne se renferma pas dans l'enceinte du Royaume. Tous les Alliez de la Couronne , & tous les Ambassadeurs du Roy dans les Païs étrangers firent des Fêtes & des réjoüissances extraordinaires.

La Noblesse d'Avignon attachée si constamment aux intérêts de la France, dansa dans la grande Sale du Palais un Ballet , dont le sujet étoit , LA DELIVRANCE DES CHEVALIERS DE LA GLOIRE PAR LE GRAND ALCANDRE GAULOIS.

Le Pape Urbain VIII. qui étoit destiné pour Parrain de cet Enfant , luy envoya de magnifiques Langes benits , qui furent presentez par Monsieur Sforce Vice-Légat d'Avignon , nommé Nonce extraordinaire pour cette fonction , & depuis élevé à la dignité de Cardinal. Ce fut le Maréchal d'Estrées Ambassadeur à Rome pour le Roy , qui alla porter cette heureuse nouvelle à Sa Sainteté , avec un magnifique Cortége , & le Cardinal Antoine Barberin Neveu du Pape , n'oublia rien pour en faire éclater la joye.

Madame Chrestienne de France Duchesse de Savoye fit sur le Po des Feux d'artifice d'une beauté singuliére , avec plusieurs machines accompagnées de Devises , d'Inscriptions , & d'autres ornemens. Mais rien n'approcha de ce qui se fit à Rome pendant huit jours , par tous ceux qui s'intéressoient aux avantages de la France , dans cette Capitale du Monde Chrétien.

Le 21. de Novembre Fête de la Presentation de la VIERGE , on chanta une Messe solennelle dans l'Eglise de S. Loüis des François , superbement parée de riches Tapisseries ; le *Te Deum* & l'*Exaudiat* y furent aussi chantez par plusieurs excellens Chœurs de Musique. Le Cardinal Antoine , & le Cardinal Bentivoglio , avec grand nombre de Prelats assistérent à cette Cérémonie , sur la fin de laquelle le Cardinal Antoine se fit amener trente-huit filles orphelines , selon le nombre des années du Roy , & leur distribua à chacune une bourse de cent écus pour se marier , ou pour se faire Religieuses.

Le soir devant la même Eglise on tira un Feu d'artifice , dont la machine étoit un grand Cerbere à trois têtes , pour representer la Peste , la Famine & la Guerre , les trois plus cruels fleaux , dont le monde puisse être affligé. Au dessus étoit un nuage épais , prés duquel on voyoit la France levant les yeux & les mains au Ciel , avec ces mots : DONEC VENIANT OPTATA ROGABO. *Je ne cesseray de prier jusqu'à ce que j'obtienne ce que je desire.* Aprés que des trois têtes du Cerbere fut sortie une infinité de serpenteaux & de fusées contre la France , il sortit du nuage qui la couvroit des foudres & des feux , qui réduisirent le Cerbere en cendres , & ce nuage venant à s'ouvrir , fit voir un Soleil & un Daufin , pendant qu'un Ange sortit de la nüe , tenant une Trompette sur l'écharpe , de laquelle étoit écrit JUSTUS UT PALMA FLOREBIT. *Le Juste fleurira comme la palme.* Cet Ange s'approcha de la France , & luy fit voir le Soleil & le Dauphin qui dissipoient le nuage.

Le lendemain le sieur du Nozet Auditeur de Rote , & Recteur de l'Eglise S. Loüis , fit un autre Feu sur le Tybre , dont la machine étoit un Hercule & un Atlas chargez du globe du monde , sur lequel étoit un Daufin.

Le

Le Mardy, Monsieur le Maréchal d'Estrées fit un grand Feu d'artifice du vaisseau des Argonautes, sur la Proüe duquel étoit un Daufin qui parut toûjours en feu & tout brillant de lumiéres, pendant que des trois Mats il sortit durant plus d'une heure des gerbes de fusées, & des tourbillons de serpentaux. Le Mercredy, le Cardinal Antoine fit un second Feu de joye dans la Place qui étoit entre son Palais & les Peres Capucins. L'Hérésie attachée à un grand rocher, faisoit allusion à la prise de la Rochelle. Il sortit des serpentaux de son sein, de ses cheveux, & d'un Livre qu'elle tenoit ouvert. Lorsque l'Hérésie eut été réduite en cendres, le rocher s'ouvrit, & l'on découvrit au milieu de l'ouverture qui le sépara en deux, une Colonne avec les Armoiries du Roy toutes en feu, & une Couronne Royale sur le chapiteau.

Aprés que ce Feu eut été tiré, on fit une Course de Bagues aux flambeaux. Le Marquis Lanti emporta le prix ; & à la fin des Couries le Cardinal donna un superbe souper à l'Ambassadeur de France & à toute la Noblesse, pendant que plusieurs Fontaines de vin couloient à la porte de son Palais, & arrêtoient les passans pour boire à la santé du ROY, & de MONSEIGNEUR LE DAUFIN.

Monsieur l'Ambassadeur proposa aussi trois Prix durant trois jours ; deux de Courses de chevaux, & un de Course de barques sur le Tybre.

Les illuminations de l'Eglise S. Loüis, des Palais de la Place Navonne, des maisons des Marchands François, du Palais Farnése, de celuy du Duc des Ursins, & du Monastére des Minimes de la Trinité du Mont, firent durant plusieurs nuits des spectacles surprenans.

Les Lettres eurent part à ces réjoüissances, le Cardinal Antoine fit parer la grande Sale du Collège Romain, où le Pere Guillaume Dondin Jesuite l'un des Professeurs de ce fameux Collège fondé par le Pape Gregoire XIII. recita en présence de plusieurs Cardinaux, de Monsieur l'Ambassadeur de France, & d'un grand nombre de Prelats un Genethliaque en Vers latins sur cette heureuse naissance. Ce Poëme est imprimé avec les autres Poësies de ce Pere, & commence par ces deux vers.

Evenere : litet grates Europa Tonanti,
Augustum Infantem genus alto à sanguine Divûm, &c.

Monsieur de la Borne Tresorier de l'Eglise de Saint Louis composa une Ode Latine, qui fut chantée à plusieurs chœurs de Musique, & parmy les décorations des Palais, & des Machines des feux d'artifice parurent ces inscriptions, qui furent comme autant de presages des merveilles que nous voyons, comme si la Providence qui avoit donné à la France cet Enfant par une espece de miracle, s'étoit engagé à ne faire du cours de sa vie qu'un enchaînement de prodiges.

D

HISTOIRE DU REGNE

LUDOVICI DECIMI-TERTII

CHRISTIANISSIMI GALLIARUM ET NAVARRÆ REGIS,

Qui

PULLULANTEM PER AVITA REGNA HÆRETICAM HYDRAM

HERCULEA CLAVA COMPRESSIT:

ARAS PER IMPIETATEM EVERSAS,

PRINCIPES PER TYRANNIDEM OPPRESSOS,

Armatâ Pietate restituit ,

ÆQUISSIMI HEROIS JUSTITIÆ DEBITO

DELPHINO

INTER AUREA LILIA NASCENTI, INTER PATERNAS LAUROS VAGIENTI,

Futuro futurorum Monstrorum Herculi ,

IN AFFLICTORUM SUBSIDIUM, IN TYRANNORUM EXCIDIUM,

IN LILIORUM ÆTERNUM GERMEN, IN ECCLESIÆ INVICTUM COLUMEN,

E CÆLO IN TERRAS STUPENDA RATIONE DEMISSO

PLAUSUS, ACCLAMATIONES, TROPHÆA,

FUTURÆ GLORIÆ ARGUMENTA, PRÆSENTIS LÆTITIÆ MONUMENTA,

Attollit , Adjungit , Erigit

FRANCISCUS ANNIBAL ESTRÆUS FRANCIÆ MARESCALLUS,

ET AD PONTIFICEM MAXIMUM URBANUM VIII.

LEGATUS CHRISTIANISSIMUS.

Voicy l'Inscription du Theatre des Illuminations.

CÆLUM HOCCE, QUID TU PROSPECTAS VIATOR ATTONITE?

ET NUBILOS ORBES PRÆSAGIA TEMPESTATUM

EXHORRES?

NON IMPLUVIÆ HIC NUBES, SED IGNITÆ, FLAMMISQUE

NON IMBRIBUS FOETÆ, INGENTIA TAM ATRO

Velamine gaudia recondunt.

DISCE QUANTUM HIC LUMEN, QUANTUM NUMEN INCLUSIMUS,

UT DUM MAJESTATEM REVERERIS, VEREARIS POTENTIAM.

INTEREA SI SPECTARE LIBET, COMINUS, EMINUS

Recede , Morare , Mirare.

Afin que rien ne manquât à ces demonstrations de joye, Monsieur le Maréchal d'Estrées fit representer dans son Palais un Opera en Musique, dont le sujet étoit LA SINCERITÉ TRIOMPHANTE, ou l'ENTREPRISE HARDIE D'HERCULE, de l'invention du Sieur Ottaviano Castelli de Spolete, mis en Musique par Angelo Cecchini, Musicien du Duc de Bracciano.

L'une des plus célébres Académies de Rome fit une assemblée extraordinaire à l'occasion de cette Piéce dramatique, dont on examina la conduite, & le sieur Ottaviano Castelli y rendit conte de la méthode qu'il avoit tenuë en la conduite de son Ouvrage.

On fit des Vers & des Eloges en dix-huit langues. Leon Allatius, en Grec; Jean Victor Rossi si connu des gens de Lettres sous le nom de Janus Nicius Erythræus, en Latin; d'autres en langue Françoise, Gasconne, Provençale, Espagnole, Servienne, Allemande, Polonnoise, Canadoise, Flamande, Japonnoise, Angloise, Escossoise, Italienne, en langue du Perou & de Manicongo, &c. & jamais il ne s'est rien fait avec tant d'appareil.

La Nation Bretonne qui a son Eglise particuliere dédiée à Saint Yves son Patron, fit une Fête particuliére à l'occasion d'une Relique de ce Saint qu'elle avoit reçû, & dont elle fit la Translation avec des solennitez singuliéres mêlées de Processions, de Chants de Musique, de Trompettes, d'Illuminations, de Feux d'artifices & d'Arcs de Triomphe, avec cette Inscription.

PARENTI PAUPERUM, JURISPERITORUM PATRONO
BRITANNICÆ GALLIÆ TUTELARI

SANCTO YVONI
TRIUMPHATORI MAGNO
OB DEBELLATAM AVARITIAM, EROGATAS EGENTIBUS OPES
IGNES, AQUAS, MORBOS, IPSAM MORTEM MIRACULIS DOMITA
HOC DEBITI ARCUS RUDIMENTUM
DUCTIQUE PRIDEM IN CÆLUM TRIUMPHI LEVEM UMBRAM
Clientes Addictissimi.
F. F.
ET RENASCENTIS ECCLESIÆ SPES NOVAS
Longa Orbis Vota
FRUCTUM PRECANTIS ECCLESIÆ
REGIÆ PIETATIS AC VIRGINIS ADORATÆ
AC TOTIUS REGNI SUPPLICATIONE PUBLICA
EXORTA PRINCIPIS DELPHINI CUNABULA
LÆTI SUPPLICES COMMENDANT.

A Saint Yves Pere des Pauvres, Patron des Jurisconsultes, & Pro-
tecteur de la Bretagne Françoise, qui a triomphé de l'avarice en distribuant ses
biens aux Pauvres, & qui par un grand nombre de miracles a vaincu les feux,
les eaux, les maladies & la mort même, ses devots Fidéles ont élevé cet Arc
de Triomphe comme une ombre legere de la gloire dont il jouit dans le Ciel, &
au milieu des triomphes de ce grand Saint celebrent avec joye les nouvelles espe-
rances de l'Eglise renaissante, les desirs, & les longues attentes du monde, le
fruit des Prieres de tout le Clergé, de la pieté Royale, de la protection de la
tres-Sainte Vierge, & des Vœux de toute la France qui a sollicité le Ciel par
tant de Prieres publiques pour avoir ce PRINCE DAUFIN, dont nous ren-
dons au Ciel de solennelles Actions de graces.

Les Religieux Minimes de la Trinité du Mont, & les Religieux de Saint
Antoine, aussi-bien que Messieurs les Chanoines de Saint Jean de Latran,
se signalerent en ces marques publiques de réjouissance, les uns comme
Sujets du Roy; & les autres, par des sentimens de reconnoissance pour les
insignes bienfaits qu'ils ont reçûs de nos Rois, particulierement du ROY
HENRY LE GRAND à qui ils ont élevé une statuë sous un Portique
attenant à leur Eglise.

Le Pere Hilarion de Coste, Religieux Minime de la Province de Daufiné,
composa en même temps les Eloges des Enfans de France qui ont été Daufins,
& dédia son Ouvrage à ce jeune Prince sous ce Titre:

A MONSEIGNEUR LE DAUFIN

L'ESPERANCE DES FRANÇOIS,

FILS AISNE'

DU TRES-CHRESTIEN, TRES-VICTORIEUX

ET TRES-AUGUSTE

LOUIS XIII.

ROY DE FRANCE ET DE NAVARRE.

Cette premiere faveur du Ciel fut bien-tôt suivie d'une autre en la Naissance d'un second Fils de France, l'an 1640. le 21. Septembre. On donna à ce second Fils le Titre de DUC D'ANJOU, & depuis au Baptême le nom de PHILIPPE; & MONSIEUR, GASTON JEAN-BAPTISTE DE FRANCE FRERE UNIQUE DU ROY LOUIS XIII. étant mort sans laisser d'Enfant mâle qui pût succeder au Titre de Duc d'Orleans, on changea le Titre de Duc d'Anjou en celuy de Duc d'Orleans à ce second Fils, qui est à present MONSIEUR, PHILIPPE DE FRANCE, DUC D'ORLEANS, FRERE UNIQUE DU ROY.

Quelques

Quelques Jettons marquent le Bonheur de la France en la Naiſſance de
ces deux Enfans.

On voit dans le premier la Tête du Daufin, avec ces mots: GALLIÆ   Jettons
DELPHINUS, parce qu'il n'avoit point encore d'autre nom; & dans le   1. 2.
Revers un Dauphin Roy des poiſſons, & ces mots SPES ET FELICITAS
PUBLICA, l'Eſperance & la Felicité publique.

Le ſecond Jetton a d'un côté un Daufin entortillé à un Anchre, ſymbole   Jettons
de l'Eſperance, auſſi-bien que le Daufin, avec ces mots: AD SPEM SPES   3. 4.
ADDITA GALLIS, Double Eſperance en faveur des François.

Le troiſiéme Jetton repreſente la feu REINE-MERE ſous l'Image de la   Jetton
Déeſſe de la Terre, Mere des Dieux, couronnée de Tours, & montée ſur   5.
un Char tiré par des lions, tenant ſur ſes genoux le jeune Prince couronné,
& le Sceptre à la main, avec cette Legende: LÆTA DEÛM PARTU.
Heureuſe d'avoir mis au monde des Dieux.

Quoique ce Jetton ne fut fait que l'an 1644. la premiere année du Regne du ROY,
néanmoins parce qu'il eſt fait pour ces deux Naiſſances, je le place icy, ce que j'obſer-
veray à l'égard de quelques Medailles qui, quoique faites recemment, marquent les
évenemens de l'enfance du ROY, ou des premieres années de ſon Regne.

Ce fut pour reconnoître le bienfait de cette double Naiſſance, & principalement celuy de la Naiſſance du DAUFIN, que la REINE étant Regente du Royaume, entreprit de bâtir l'Egliſe & le Monaſtere du Val de
Grace dans le Fauxbourg S. Jacques de Paris, qu'elle dédia pour cela même
à la Naiſſance de JESUS-CHRIST & à ſa SAINTE MERE ſous ce Titre;

JESU NASCENTI. VIRGINIQUE MATRI.

Quand on voulut jetter les fondemens de ce ſuperbe Edifice, on fit de
grands Medaillons pour être mis aux côtez de l'Inſcription de la premiere
pierre, & d'autres Medailles pour être diſtribuées. On voit dans ces Medailles la Reine tenant ſon Fils, avec cette Legende.

ANNA D. G. FR. ET NAV. REG. RE. MATER LUD. XIV,
D. G. FR. ET NAV. REG. CHR.

*ANNE, par la grace de Dieu, Reine Regente de France & de Navarre,
Mere de LOÜIS XIV. Roy Tres-Chrétien de France & de Navarre.*

Au revers eſt la Figure de l'Egliſe & du Monaſtere du Val de Grace,
avec ces mots:

OB GRATIAM DIÙ DESIDERATI REGII
ET SECUNDI PARTÛS.

*En reconnoiſſance de la Naiſſance d'un Fils ſi long-temps deſiré, & des ſecondes
Couches de la Reine.*

C'est ainsi qu'il falloit rendre cette Inscription, & non pas comme l'a interpretée celuy qui a contrefait en Hollande la premiere Edition de cet Ouvrage, qui a mis, *Ob gratiam devoti desiderati Regii partus.*

La mort du Roy Louis XIII. arrivée le 14. May 1643. fit monter sur le Trône le Daufin âgé de quatre ans & neuf mois. Le Ciel qui le destinoit à être le Maître de la premiere de toutes les Monarchies, ne luy laissa pas le loisir d'être Enfant. Au sortir du berceau il luy mit la Couronne sur la tête, & un Enfant qui n'avoit pas encore cinq ans, affermit les espérances d'une Monarchie de seize siécles.

Quatre jours après le nouveau Roy sous le nom de Louis XIV. alla au Parlement, accompagné de la Reine sa Mere, de Monsieur le Duc d'Orleans son Oncle, des Princes du Sang, & autres Princes, Ducs & grands Officiers du Royaume pour tenir son Lit de Justice, & declarer Regente la Reine sa Mere.

Je donne icy tout d'une vûë les divers Lits de Justice qu'il a tenus depuis son Avenement à la Couronne, avec les noms & les Armoiries de tous les premiers Presidens qu'il a nommez dans tous les Parlemens du Royaume. Ce premier lit de Justice est comme une prise de possession de l'Autorité Royale dans le premier Parlement du Royaume, qui est la Cour des Pairs composée de Princes, de Pairs Ecclesiastiques & Seculiers, & des Membres principaux des trois Etats.

Le Roy qui commença ainsi son Regne par une action de Justice & de piété envers la Reine sa Mere, le commença en même temps par une victoire signalée. Les Espagnols qui croyoient profiter de l'abbattement où se trouvoit la France par la maladie du Roy, avancerent vers Rocroy, à dessein d'entrer dans la Champagne ; mais Louis de Bourbon Duc d'Enguien, & depuis Prince de Condé, remporta sur eux une glorieuse victoire. Dom Francisco de Mello qui commandoit les Troupes ennemies, y perdit son Bâton de Commandant. Cent soixante-dix Drapeaux, quatorze Cornetes, & deux Guidons pris en cette Bataille, furent apportez aux pieds du jeune Roy, par le sieur de Chevers Maréchal General de la Cavalerie, & la Reine ordonna que l'on les portât dans l'Eglise de Nôtre-Dame de Paris, pour y rendre à Dieu de solennelles Actions de graces, & pour être à la posterité un glorieux témoignage de la protection du Ciel sur un Roy demandé par tant de vœux, & obtenu comme par miracle.

Cette Victoire remportée le dix-neuviéme de May, est representée dans une Médaille où est un Trophée d'Armes, au dessus duquel voltige une femme aîlée, qui tient d'une main une palme, & de l'autre une Couronne de laurier, avec ces deux mots : VICTORIÆ PRIMIGENIÆ. *A la Victoire aînée.*

L'ignorant qui a contrefait la premiere Edition de cet Ouvrage, a mis *Victoriæ primogenitæ,* au lieu de *Primigeniæ,* ne sçachant pas que la Fortune avoit dans Rome un Temple sous le titre de Fortune aînée, *Fortunæ primigeniæ,* & que ce Temple avoit été bâti par Martius Ralla, comme Titelive l'a remarqué : *Ædem Fortunæ primigeniæ dedicavit Martius Ralla.*

La Reine ayant fait un vœu pour obtenir du ciel des Enfans s'en acquita durant sa Regence par la fondation du Magnifiq.
Monastere du Val de Grace representé dans la medaille avec une Inscription qui dit que C'EST EN ACTION DE GRACES
DES ENFANS QVE LE CIEL LVY A DONNEZ. Cette Medaille fut mise dans les fondemens du Val de Grace
sur la premiere Pierre.

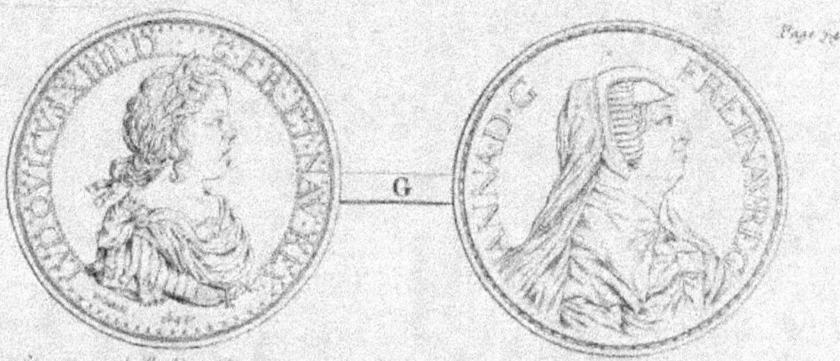

Varin fit cette medaille l'an 1643 pour marquer le commencement du Regne de Louis XIV encore mineur,
et vestu comme les Jeunes Césars dans les medailles antiques avec cette legende LOUIS XIV PAR LA GRACE
DE DIEV ROY DE FRANCE ET DE NAVARRE. La Reine sa Mere est representée au revers dans le revers avec
ces mots ANNE PAR LA GRACE DE DIEV REINE DE FRANCE ET DE NAVARRE.

LITS DE IVSTICE TENVS PAR LE ROY, ET PREMIERS PRESIDENS NOMMEZ PAR SA MAJESTE
PARIS
CONSEIL d'ARTOIS
PARLEMENT DE BOIS A BESANÇON 1676
CONSEIL DE ROVSSILLON
CONSEIL d'ALSACE a BRISAC

On lit dans l'Exergue de cette Médaille le lieu & le temps de cette Victoire,

AD RUPEM REGIAM DIE V. IMPER. MDCXLIII.

A Rocroy le 5. jour du Regne l'an 1643.

La Regence de la REINE nous est representée dans une Médaille sous la figure de l'Etoile du matin qui va devant le Soleil, & le ROY sous l'Image de cet Astre couronné de rayons, conduit son Char attelé de quatre chevaux de front, tel que les Poëtes l'ont attribué au Soleil, avec ces mots appliquez à la Reine & à l'Astre du jour.

HÆC SOLEM PRÆVIA DUCIT.

Du Soleil qui se leve, Elle regle le cours.

Dans l'autre face de la Médaille sont les deux Têtes accollées du ROY & de la REINE, à la maniére de quelques Médailles antiques, & la Legende marque les deux Noms :

LUDOVICUS XIV. R. CHRISTI. ANNA AUSTRIACA AUGUSTA.

LOUIS XIV. Roy, Tres-Chrétienne ANNE d'AUSTRICHE Reine.

Comme la Mere des Graecques preferoit sa qualité de Mere à tous les autres Titres d'honneur, la REINE s'estimant plus glorieuse d'avoir donné à la France un ROY du mérite de celuy qui regnoit, que de regner elle-même, quelques années aprés, quand on pensa à marier le ROY, fit mettre dans une de ses Médailles un Lys sur sa tige, avec ces mots :

DIVA SE IACTAT ALUMNA.

D'une Déesse il tire sa Naissance.

Faisant allusion à l'ancienne Fable, qui attribuoit la naissance du Lys au lait de Junon.

La piété de la REINE, & la sagesse de sa conduite donnerent en même

temps occasion à une autre Médaille , où sous la figure d'un Quadran solaire qui
se regle sur les mouvemens du ciel , on represente sa Regence , avec ces mots :
CÆLESTI RATIONE REGENS. *C'est sur les Loix du Ciel que nous sommes reglez.*

Les premieres années de cette Regence furent accompagnées de grands
succés. La Prise de Thionville , le Combat de Carthagene , les avantages
remportez sur les Bavarois au Combat de Donachin, la Bataille de Fribourg
en Brisgaw, Graveline, Philisbourg, Spire, Wormes, Mayence, Creusnac ,
Bade, Oppenheim Baccara, Neustat, Landau, Dourlac, Oxinguen, Liech-
tenau, Cirque, Dunkelspiel, Norlingue, Anger, & Constantin furent les
premices d'un Regne si glorieux, & ces premices furent bien-tôt suivies du
gain de la Bataille de LLorens en Catalogne, & des Prises de Bourbourg, de
Linck, de Lens, de Bethune, de Lilers, de S. Venant, d'Armentieres, de
Menene, de Rose, de Balaguier, de la Mothe, de Tréves, de Courtray, de
Bergue S. Vinox, de Mardick, de Dunquerque, de Schorendorf, de Rain,
de Landsperg, de Piombino, de Portolongone, d'Ipre, de Furnes, de Tor-
tose, de Frisingen, de Landshut, de Mildorf, de Papenhoüen, de Dingel-
fingen, de Somerhoüen, & de la journée de Trancheron prés de Cremone ,
où l'Armée Espagnole du Milanois fut forcée & battuë dans ses retranchemens.

De toutes ces grandes Actions nous n'avons que peu de Médailles. L'une
du Combat Naval de Carthagene, qui vient tout recemment d'être frappée,
où l'on voit un Trident enfilé dans une Couronne Rostrale avec des Lauriers
& des Palmes entrelassées, & une Inscription qui dit que c'est un presage de
l'empire de la Mer que la France aura un jour.   OMEN IMPERII
MARITIMI. Dans l'Exergue on lit ces mots : HISPANIS SUO IN MARI
VICTIS AD CARTHAGINEM NOVAM. *Les Espagnols vaincus dans
leurs Côtes maritimes auprés de Carthagene l'an* 1643.

Celle de la Bataille de Fribourg en 1644. & de la prise de dix Villes, a
la Victoire en pied sur les Boucliers de ces dix Villes, étendus à terre, &
marquez de leurs Armoiries. Cette Victoire éleve d'une main une Couronne
Murale qu'elle regarde, & tient en l'autre une Palme, avec des paroles qui
apprennent que les Bavarois furent défaits à Fribourg. FUSIS AD FRI-
BURGUM BAVARIS. Et dans l'Exergue la Prise de dix Villes est marquée
par ces mots : X. URB. AD RHENUM CAPT. MDCXLIIII. *Dix Villes prises sur le Rhin en* 1644.

Celle

les Fables ont dit que c'estoit du lait de Junon que le Lys avoit esté formé, c'est le sujet de cette Medaille avec ces mots D'VNE DEESSE IL TIRE SA NAISSANCE.

COMMENCEMENT DV REGNE LE 14 MAY 1643

la Reine Regente sous le symbole de l'Estoille du matin qui couronne le Soleil avec une Legende qui dit DV SOLEIL QVI SE LEVE ELLE REGLE LE COVRS — le 18 May 1643 le Roy tint son premier Lit de Justice au Parlement après le decèz de la Reine sa Mère Regente.

MONSIEUR
Oncle du
ROY

Gaston Jean Baptiste de France, 3e Fils de Henri 4 et Frere unique de Louis le Iuste, naquit à Fontainebleau le 25 Avril 1608, fut Duc d'Orleans, le Roy son Frere le declara en mourant Lieutenant General de l'Estat et chef des conseils sous l'authorité de la Reine pendant la minorité. Il commanda nos armées, prit les villes de Gravelines Bethune, Bourbourg Armentieres, Courtray Mardick &c. et estant retiré à Blois il fit un amas de Medailles qui fait aujourdhuy une partie du Cabinet du Roy, et s'attacha à la connoissance des plantes qu'il avoit parfaitement, ce qui le fait comparer à Salomon en cette Medaille. Il mourut à Blois le 2. Fevr. 1660. auquel temps on fit cette Medaille.

Celle de la Bataille de Norlingue fait voir la France assise sur un Trophée. Elle a le Casque en tête à la maniere de Minerve, & d'une main elle tient une Pique, s'appuyant de l'autre sur un Bouclier ovale rempli de trois Fleurs-de-lys qu'elle tient sur ses genoux. L'époque de cette Bataille est marquée dans l'Exergue : PUGNA AD NORLINGAM MDCXLV. *Bataille de Norlingue en 1645.* Et dans le Cercle on lit : MELIORIBUS AUSPICIIS. *Sous de plus heureux auspices*, pour faire allusion à un autre Combat donné auprés de cette Ville, où les Suédois nos Alliez avoient été battus, au lieu que nos Troupes commandées par le Duc d'Enguien, y avoient battu les ennemis.

L'an 1644. nos Cavaliers qui étoient en garnison dans Barcelone, pour se divertir au milieu de l'hiver danserent un ballet dont le sujet estoit, LA REVOLUTION DU SIECLE, où ils representerent les prosperités de la France & ses Conquestes en divers endroits de l'Europe. Les Principaux Acteurs estoient le Comte de Revel, le Baron de Fontaraille, le Baron de Sainte Colombe, le Baron de S. Germain, le Baron de Launay, le Baron de Lindois, le Baron de Beaufort, le Baron de Serillach, les sieurs Foucaut, Talon, du Mans, S. Clair, Rivedieu, du Perier, des Andrieux, de Mons, & d'Orneson. Les Catalans donnerent à ce ballet le nom de *Dança Momeria hecha por los Cavalleros Francesés que oy assisten en la Ciudad de Barcelona.*

Cette mesme année la Reine qui prenoit un grand soin de la Personne du Roy, & de son éducation, luy voyant un genie capable des plus grandes choses, un esprit solide, pénétrant; un naturel grave, sage, heureux & moderé: pour cultiver ces excellentes qualitez, jetta les yeux sur Messire Hardoüin de Perefixe Abbé de Beaumont, Docteur en Theologie de la Maison de Sorbonne, que le Cardinal de Richelieu avoit formé. La Reine luy confia l'instruction du jeune Roy, qui commençoit à faire les plus belles esperances de la France. Messire Antoine Godeau Evêque de Vence pour le former à la pieté, & à tous les devoirs d'un Roy Tres-Chrétien & Fils aîné de l'Eglise luy composa une Instruction familiere sur les principales veritez de la Foy, & sur les Mysteres de nostre Religion, qu'il intitula: L'INSTITUTION DU PRINCE CHRESTIEN. Et Monsieur de Gomberville de l'Academie Françoise luy présenta la Doctrine des Mœurs en Emblemes, tirez la plupart des Poësies d'Horace, & accompagnez de belles figures.

Ces soins de la Reine pour l'éducation du Roy son Fils nous sont representez dans un Jetton, où l'on voit une Aigle qui présente son Aiglon au Soleil, avec ces mots: MATRE PIA MONSTRANTE COLET. *Sa Mere l'instruisant à regarder le Ciel.*

Elle prit en mesme-temps pour sa devise brodée sur la Casaque de ses Gardes, dans les Echarpes & les Estendars des Trompettes & des Tymbales de son Regiment une Aigle sur son aire, où de ses deux aisles estenduës elle couvroit ses deux petits, avec ces mots:

ET NOS, ET NOSTRA TUEMUR.
Je veille à conserver ce que j'ay de plus cher.

F

Le Clergé de France qui étoit assemblé à Paris l'an 1645. pour témoigner
sa reconnoissance envers le Roy, qui prenoit un soin particulier de faire conserver les Eglises, & les autres Lieux Saints au milieu des guerres, où l'on a
peine de retenir la licence des Soldats, fit un Jetton, où le jeune Roy tient
d'une main le Sceptre & la Main de Justice, & appuye l'autre sur un Autel,
avec ces mots : SCEPTRA TUETUR ET ARAS. *En maintenant ses droits il
prend soin des Autels.*

JETTON
7.

Au milieu des succez qui portoient la gloire de la France & la reputation
de ses armes victorieuses jusqu'aux extremitez de la terre, Ladislas Roy de
Pologne, qui avoit perdu son Espouse Cecile Renée d'Autriche fille de l'Empereur Ferdinand II. & sœur de Ferdinand III. rechercha la Princesse Marie de Gonzague Duchesse de Nevers, fille du Duc de Mantoüe. Il en fit
faire la demande au Roy & à la Reine Regente par le Comte Gerard d'Enhof
Palatin de Pomeranie qui vint en France pour en faire les negotiations. Le
Traité fut signé à Fontaine-bleau le 26. de Septembre 1645. Le Seigneur Opa-
lenski Palatin de Posnanie, accompagné de l'Evêque de Varmie vint pour
épouser cette Princesse au nom du Roy son Maistre, ces Ambassadeurs firent
leur entrée dans Paris au mois d'Octobre avec une magnificence singuliere.
La cérémonie des Nopces se fit au Palais Royal en presence du Roy, & de
la Reine. La Mareschale de Guebriant accompagna la nouvelle Reine jusques en Pologne. Ce voyage a esté décrit par Jean le Laboureur de Bleren-
val l'un des Gentilshommes servans du Roy, & l'Entrée des Ambassadeurs a
esté gravée.

Mais rien n'a tant contribué à la gloire de ce regne, que la Declaration
donnée cette année au mois de Mars, par laquelle le Roy supprimant la fabrication des Monnoyes au Marteau, ordonna qu'à l'avenir on ne se servi-
roit plus dans tous ses Estats que du Moulin ou Balancier pour toutes ses
Monnoyes, c'est ce qui a fait depuis quarante ans cette diversité de belles Es-
peces, qui sont sans difficulté les plus belles Monnoyes du monde. Et ce n'est
pas sans raison que l'on representa dans une Medaille la France tenant une
Monnoye du Roy de la nouvelle fabrication, avec ces mots : REGNI GALLIÆ
ÆTERNITATI. *A l'Eternité du Royaume de France* ; puisque de tous les Monumens publics la Monnoye est celuy qui dure le plus ; témoin ce nombre
prodigieux de Medailles antiques en tous metaux, qui restent dans tant de
Cabinets, & dont le Roy a fait dans le sien l'amas le plus riche & le plus
complet qui soit au monde. C'est aussi la seule Espece de Monument qui nous
represente le Roy en tous les âges differens, comme on peut voir dans les
trois Tables de Monnoye du Regne que je donne icy.

Cette invention nouvelle du Moulin & du Laminoir est representée dans
une Medaille, avec ces mots : ARTE NOVA. *D'un nouvel artifice.* Ce fut Nicolas Briot Tailleur general des Monnoyes de France qui proposa sur la fin
du Regne précédent ces deux Machines, qui furent alors rejettées & depuis
introduites sous ce Regne.

La Cour des Monnoyes de Paris a fait en divers temps plusieurs Medailles du Roy, une en 1651. & deux en 1653.

Celle de 1651. réprésente la Monnoye au milieu d'un fourneau à fondre les Métaux, & d'un Coffret plein de Monnoyes. Elle tient une balance à la main, avec ces mots : HIS JUSTA PROBANTUR. *Ainsi se font les plus justes Epreuves.* C'est à dire par le feu & la balance. Ce qui peut aussi convenir à la Chambre de Justice establie pour examiner l'usage des Finances.

Dans la premiere de 1653. est la Monnoye tenant la balance avec une Corne d'Abondance, & ces mots : ARTE MEA BIS JUSTUS. *Par moy doublement juste.* Cette figure & cette inscription avoient servi sous le regne précédent de LOUIS LE JUSTE.

La derniere represente le Roy avec toutes les marques de sa dignité, & ces mots : SALUS POPULI SUPREMA LEX. *Le bien du peuple est la loy souveraine.* Au revers sont les Armoiries de France, avec ces mots : LILIA NON NENT. *Les Lys ne filent point.* Ce qui fait allusion à la loy salique. La lettre A est la marque des Monnoyes de Paris. Cette Ville prit dés lors pour son symbole l'Image de la Felicité publique, dont elle a fait plusieurs Médailles.

La Catalogne qui s'estoit soumise au Roy LOUIS XIII. depuis l'heureuse naissance de son Fils, & qui avoit commencé dés l'an 1642. de mettre des Fleurs-de-Lys, & la Teste du Roy dans ses Monnoyes fit paroître le mesme zele dés les premieres années du regne de LOUIS XIV. puisque l'an 1645. elle mit dans ses Monnoyes la Teste du jeune Roy en Cesar, avec ces mots :

LUD. XIIII. D. G. R. FR. ET CO. B.
LOUIS XIIII. par la grace de Dieu Roy de France & Comte de Barcelonne.

Voyez les Figures des Monnoyes.

Au revers estoit l'image de la Justice, ou de l'authorité Royale, tenant d'une main le Sceptre, & de l'autre l'Espée, avec un Ecusson en lozange des Armoiries de Barcelonne écartelées au 1. & 4. de la Croix de Saint George, qui est de gueules sur argent au 2. & 3. de Barcelonne ou d'Aragon d'or à 4. paux de gueules. Ces Armoiries y sont en lozange à cause d'Isabelle d'Arragon fille de Jean II. Roy d'Arragon, sœur & heritiere de Henry IV. & de Jean II. son Pere, laquelle épousa Ferdinand V. Roy de Castille. Il y a une

Fleur-de-lys au deſſus de la Lozange , & pour Legende Barcino Civi. c'eſt à dire , *Barcino Civitas*.

La ville de Perpignan , Capitale de la Province de Rouſſillon porta auſſi dans ſes Monnoyes les marques de ſa Réduction à l'obéïſſance du Roy , puis qu'avec l'Image de S. Jean-Baptiſte ſon Protecteur , & ces mots Inter natos mulierum , elle met la Fleur-de-lis ſur les Paux de Catalogne ou Aragon , & ces mots Perpiniani Ville , la Couronne mêlée de Croix de S. George & de Fleurs-de-lys , parce que S. George eſt l'ancien Protecteur d'Aragon , de Cerdagne & de Rouſſillon.

Pluſieurs Victoires remportées en divers endroits , furent l'occaſion de ſix *Te Deum* ſolennellement chantez dans Nôtre-Dame de Paris. Le premier , le Lundy 12. de Juin pour la priſe de la Ville & du Château de Roſes par le Comte du Pleſſis Praſlin. Le ſecond , le Lundy 10. Juillet pour la priſe de la Mothe en Lorraine par Monſieur de Villeroy. Le troiſiéme , le Lundy 17. du même mois pour la priſe de Mardick. Onze Drapeaux pris ſur les Ennemis par Monſieur le Duc d'Orleans Oncle du Roy , furent portez dans l'Egliſe de Nôtre-Dame de Paris , où le Roy ſe rendit à cheval pour aſſiſter à ce *Te Deum*. Le quatriéme fut chanté pour la priſe de Bourbourg en Flandres. Le cinquiéme pour la Victoire obtenuë prés de Norlingue ; & le ſixiéme pour la priſe de Bethune en Artois.

Cependant les Princes d'Italie étant en guerre à l'occaſion du Duché de Caſtro , que le Pape avoit pris ſur le Duc de Parme Feudataire du S. Siege , le Roy envoya le Cardinal Bichi Evêque de Carpentras , pour traitter la Paix entre le Pape & ce Prince , avec qui les Venitiens , la Toſcane , & le Duc de Modene s'étoient liguez. Ce Cardinal regocia avec tant de ſuccés , que pour conſerver le ſouvenir de cette heureuſe negociation , on fit un Jetton où l'on voit la Paix qui deſcend du Ciel ſur un Fort bâti ſur le bord de la mer,

avec ces mots : Nostris Pax reddita terris. La Paix nous eſt

Jetton
8.

renduë ; c'eſt ainſi que doit être la Legende , où le Graveur ignorant a mis le mot de *Pars* , au lieu de celuy de *Pax*. André Torelli Juriſconſulte de Bologne prononça un Diſcours ſur cette Paix ſous le Titre d'Irene Vaticana , où il dit : *Prodierat nuperrimè ex intimo* Ludovici XIV. *Chriſtianiſſimi Galliarum Regis auguſtali , velut è cœlo datus Italiæ Caduceator Bichius Cardinalis , qui diſcordes ob Caſtrenſem ditionem Principes Urbano ut filios Patri Clementiſſimo amoris æterno nexu vinciendos conciliaret.*

Le Pape fit auſſi une Médaille , où l'on voit la Paix entre la Force & la Prudence. Du coſté de la Force , la Paix aſſiſe tient une Palme élevée , & du côté de la Prudence elle a une branche d'olivier avec ces mots : Fortiter egit, prudenter patitur. *Il a agi avec force , il ſouffre avec prudence.* Sa Sainteté faiſant entendre par ces paroles , que ſi elle avoit ſçû par force ſe ſaiſir de Caſtro , c'étoit par prudence qu'il acceptoit les voyes d'accommodement qu'on luy avoit propoſées. Cette Médaille eſt dans le Ciaconius de la derniere édition , & dans l'Ouvrage du P. Du Moulinet des Médailles des Papes.

La

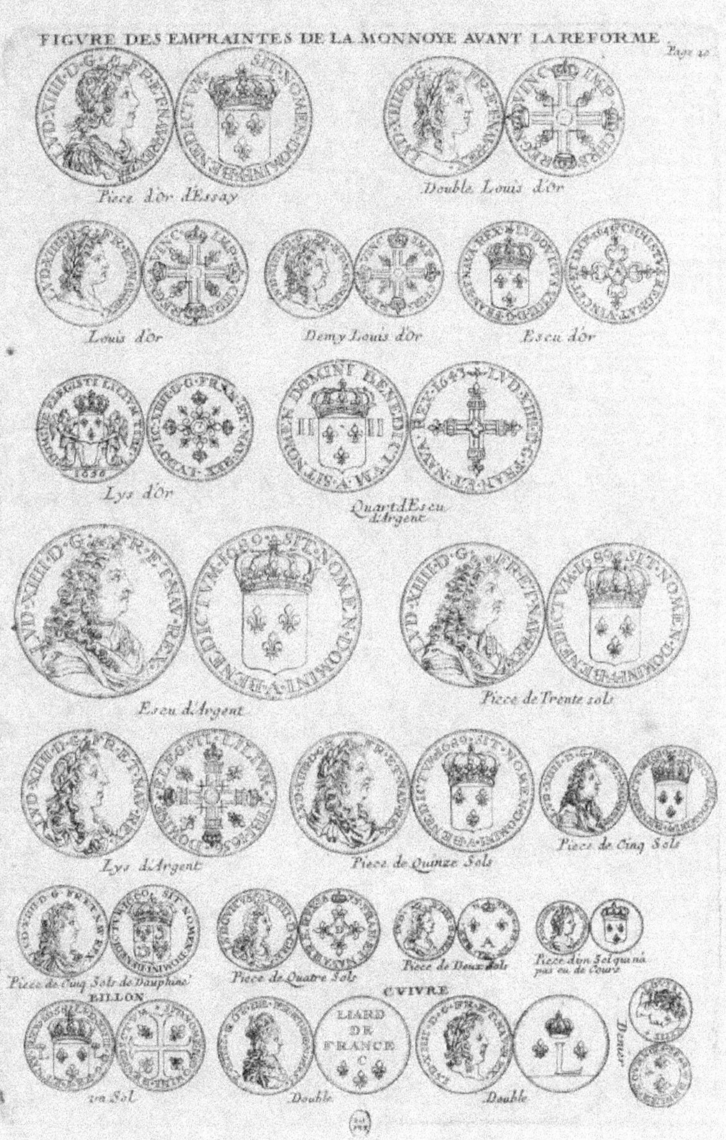
Piece d'Or d'Essay
Double Louis d'Or
Louis d'Or
Demy Louis d'Or
Escu d'Or
Lys d'Or
Quart d'Escu d'Argent
Escu d'Argent
Piece de Trente sols
Lys d'Argent
Piece de Quinze Sols
Piece de Cinq Sols
Piece de Cinq Sols de Dauphiné
Piece de Quatre Sols
Piece de Deux Sols
Piece d'un Sol qui n'a pas eu de Cours
BILLON
CVIVRE
un Sol
Double
LIARD DE FRANCE
Double
Denier

MONNOYE DES PAYS CONQVIS

MONNOYE DE CATALOGNE

MONNOYE DE L'AMERIQVE

MONNOYE DE FLANDRE

MONNOYE D'ALLEMAGNE

POVR STRASBOVRG

Double Louis D'or Valant
Vingt Cinq Livres

Louis d'or Valant
Douze Livres Dix Sols

Demy Louis d'Or Valant
Six Livres Cinq Sols

Escu d'Argent Valant Trois Livres Six Sols

Demy Escu Valant une Livre Treize Sols

Quart d'Escu valant Seize Sols Six
Deniers

Piece de Cinq Sols Six Deniers

BILLON

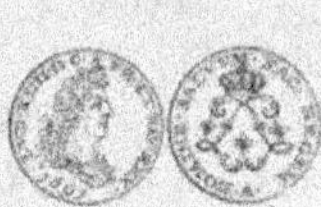

Piece de Quatre Sols

Piece de Quinze Deniers

Cette femme assise qui tient vne balance & vne corne d'abondance est l'image de la monnoye qui sert au commerce et qui fait les richesses d'un estat; car par ces deux moyens qu'une Souueraine autorite dans un Estat la Iustice distributiue et la Iustice comutatiue. POVR ESTRE AINSI DOVBLEMENT IVSTE.

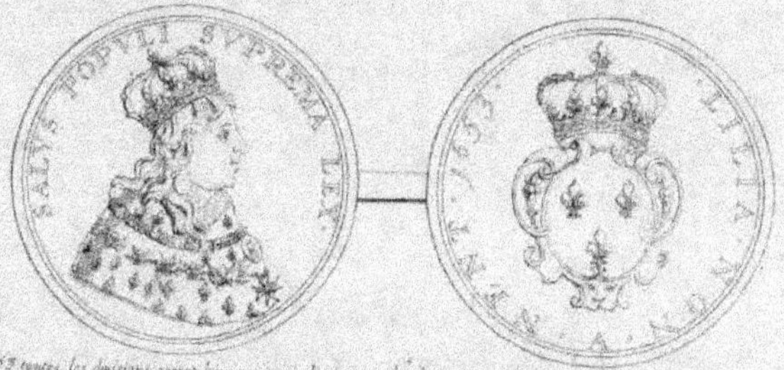

L'an 1652 toutes les diuisions estant heureusement dissipees, et la plupart des villes rentrées dans l'obeissance apres l'amnestie que le Roy auoit accordée a ses suiets on fit cette Medaille ou l'on peut remarquer, que le Roy a la couronne sur la teste pour marque de sa pleine autorité, auec vne legende qui apprend que QVAND L'AVTHORITE SOVVERAINE EST MAINTENVE ELLE FAIT LE SALVT DES PEVPLES et en fin la Iustice qui dit que LES LYS NE FILENT POINT, fait allusion au dommage qui se fit dans le gouuernement le Roy n'estant plus sous la tutele de la Reine sa Mere.

La ville de Lyon qui confideroit comme un honneur fingulier pour elle, le choix que l'on avoit fait de fon Gouverneur Meſſire Nicolas de Neufville, Marquis de Villeroy, pour Gouverneur de la Perſonne du Roy pendant ſa Minorité, voulut conſerver à la Poſtérité un Monument de cet honneur, & ſe preparant à bâtir un Hôtel magnifique pour ſes aſſemblées, elle deſtina le cinquiéme jour de Septembre, jour de la Naiſſance du ROY, pour en mettre la premiere pierre avec les ſolennitez accoûtumées, & accompagna cette premiere pierre d'une Médaille, où d'un côté eſt la façade de ce Bâtiment, & au revers l'Inſcription qui apprend à la Poſtérité, que *ſous les auſpices de Dieu tres-bon & tres-grand, regnant* L O U I S XIV. *ſous la Tutéle d'*A N N E *d'*A U S T R I C H E *la plus accomplie de toutes les Héroïnes qu'euſſent vû les ſiecles précédens. Nicolas de Neufville Marquis de Villeroy étant Gouverneur de la Province de Lyon, & de la Perſonne du* R O Y, *Camille de Neufville ſon Frere commandant pour luy dans les Provinces de Lyonnois, Foreſt & Beaujolois, le Prevôt des Marchands & les Echevins avoient propoſé le Plan de ce nouvel Edifice, & poſé la premiere pierre le 5. de Septembre 1646.*

Le mois ſuivant le Marquis de Villeroy Gouverneur de la Perſonne du R O Y, reçut le Bâton de Maréchal de France le 20. d'Octobre. Le premier qui fut honoré de cette Dignité pour récompenſe de ſes ſervices ſous ce Régne, fut Henry de la Tour Vicomte de Turenne, qui en reçut les Lettres Patentes le 16. de May 1643. le ſecond jour du Régne, & en prêta le ſerment le 16. de Novembre ſuivant.

Jean de Gaſſion reçût le même honneur preſque en même temps, & en prêta le ſerment le lendemain 17. de Novembre.

Ceſar de Choiſeul reçût le Bâton de la main du R O Y le 20. de Juin 1645.

Joſias de Rantzau le reçut des mains du Duc d'Orleans Oncle du R O Y, le 16. de Juillet 1645.

Je donne icy les noms & les Armoiries de tous ceux qui ont été honorez de cette Dignité ſous ce Régne, & je les attache à un Palmier, ſymbole de la Victoire, dont ils ont été ſi ſouvent les principaux inſtrumens dans la

Jetton
11.   conduite de nos Armées. C'est le sujet d'un Jetton de 1647. où l'on voit plu-
       sieurs Etendars, avec ces mots : NOSTRIS PARTA TRIUMPHIS. *Acquis
       par nos Triomphes.*

Jetton
12.   Mais comme la France au milieu de toutes ces Conquêtes ne songeoit
       qu'à obliger les Ennemis à la Paix, elle representa dans un Jetton cette Paix
       assise sur un Trophée, avec des mots qui assuroient que rien ne pouvoit
       plus contribuer à établir une solide Paix que les grands succés d'une Guerre
       juste.

               JUSTIS SPES PACIS IN ARMIS.

       Ce furent en effet ces succés, qui avancérent la Paix de Munster, où les
Plenipotentiaires de la plûpart des Nations de l'Europe étoient assemblez
pour convenir des articles. Mais tous les intérêts des Princes qui étoient en
guerre avec la France n'ayant pû être reglez, cette Paix ne fut concluë
qu'avec l'Empereur, les Electeurs, Princes & Etats de l'Empire. C'est le sujet
d'une Médaille de 1648. dont le revers est la Paix, qui tient une balance
dans laquelle sont des Couronnes pour en peser les intérêts. De l'autre main
elle tient un Rameau d'olive, à la maniére des anciens Pacificateurs, & appuye cette main sur un Autel, pour marquer la fidélité du Serment juré sur
les Autels pour la conservation des droits sacrez de la Paix, dont le Caducée
est le symbole. Elle a un pied sur un joug, & on lit dans l'Exergue : PAX
MONASTER. MDCXLVIII. *La Paix de Munster* 1648. Et dans le Cercle supérieur, LIBERTAS GERMANIÆ. *La liberté d'Allemagne.*

       Le jeune Prince au milieu des douceurs de cette Paix, qui ne luy laissoit
plus qu'une partie de ses Ennemis sur les bras, se formoit à tous les exercices
du corps & de l'esprit, qui peuvent rendre un Souverain capable d'agir &
de gouverner par lui-même. On lui inspira d'abord de consacrer la mémoire
des Actions glorieuses du feu Roy son Pere, par des Monumens qui pussent
luy servir d'instruction, en donnant au public des marques de sa piété. Il
employa pour ce sujet six ou sept personnes de réputation ; Jean Valdor Lie-
geois pour les desseins & la gravure des Figures.

Monſieur Corneille, pour accompagner ces Figures d'Epigrammes en Vers françois.

René Bary, pour compoſer un Sommaire de la Vie du Roy.

Charles Beys, pour décrire en Vers françois les principales Actions repreſentées en Tableaux.

Henri Eſtienne Interprete des Langues Grecque & Latine, pour remplir cet Ouvrage de Deviſes & d'Eloges à mettre ſous les Portraits des Rois, des Princes, & des Generaux d'Armées qui avoient aſſiſté, ou ſervi le Roy dans ſes Guerres.

Le P. Jean Nicolaï Docteur de la Faculté de Paris, & premier Regent de Theologie du Convent des Jacobins, pour traduire les Vers & les Diſcours en Langue latine.

Le R o y fit l'honneur à toutes ces perſonnes de leur écrire des Lettres de Cachet, pour leur faire entendre ce qu'il deſiroit, que chacun d'eux contribuât à cet Ouvrage. Voici celle qu'il écrivit au P. Nicolaï le 3. de May 1648.

Mon Reverend Pere, l'émulation que j'ay toûjours euë pour les glorieuſes Actions du feu Roy, mon tres-honoré Seigneur & Pere, m'a fait deſirer l'Abregé de ſa Vie, pour voir plus facilement dans une réduction que dans ſon Hiſtoire générale, des Vertus que je dois imiter pour ſucceder à ſa Réputation, auſſi-bien qu'à ſa Couronne : Et comme ceux que j'ay choiſis pour travailler à cet Ouvrage, l'ont heureuſement achevé, & que je croy qu'il ne donnera pas moins de curioſité aux Etrangers, que les Merveilles qu'il contient, leur ont donné d'admiration ; j'eſtime que pour la gloire de cet Etat, une ſi belle vie devroit eſtre expoſée en autant de Langues qu'il y a de Nations. Je ſçay que vous avez une parfaite intelligence des principales ; mais parce que la Latine eſt univerſelle, & qu'elle ſuffit pour porter par tout le monde la Renommée de tout ce qui s'eſt paſſé d'illuſtre ſous ce Regne, je me perſuade que pour l'honneur de la France, & pour mon contentement particulier, vous prendrez plaiſir de ſeconder l'intention de ces Auteurs, & d'exprimer en latin ce qu'ils ont exprimé en François, &c. Cet Ouvrage qui parut en 1649. a pour Titre, Les Triomphes de Louis le Juste.

Pour procurer au jeune Prince d'honnétes divertiſſemens, on rétablit à la Cour les ſpectacles que le Cardinal de Richelieu y avoit introduits ſous le Régne précédent, en corrigeant la licence de l'ancien Theatre, par les Pieces ſérieuſes qu'il fit repreſenter. Meſſieurs Corneille, Boiſrobert, Scuderi, Rotrou, Deſmarets, Triſtan, De Racan, & quelques autres avoient relevé le Theatre par la richeſſe de leurs inventions, par la dignité des ſujets, par la nobleſſe des ſentimens, par la vivacité des penſées & des expreſſions, mais la pompe & la décoration des Scénes n'étoient pas encore en état de le diſputer avec l'Italie, quand on entreprit l'an 1647. la repreſentation d'Orphée dans le Palais Royal en preſence de Leurs Majeſtez, avec un ſuccés qui fit eſpérer que bien-tôt la France ne céderoit en rien aux ſpectacles de delà les Monts. Ce fut en effet ce qui commença à donner du goût aux

François pour les Representations en Musique, que les Italiens nomment *Opera*, dont on a vû en peu d'années un progrés surprenant par les soins de quatre ou cinq personnes d'un génie singulier pour ces sortes de Spectacles; de Jean Baptiste Lulli pour la Musique & les Symphonies; de Torelli & de Vigarani pour les Décorations & les Machines, & de Monsieur Quinaut de l'Académie Françoise pour les Vers.

J'ay décrit les progrés de ces Representations en France dans un Traité exprés imprimé l'an 1681. sous le Titre de *Representations en Musique anciennes & modernes*, où j'ay rapporté l'origine de ces Spectacles, & les divers agrémens dont ils sont accompagnez.

Ce fut environ ce même temps que Guy Michel le Jay fit paroître une Bible en sept Langues, Hébraïque, Samaritaine, Chaldaïque, Syriaque, Grecque, Latine & Arabe, & consacra ce travail à la gloire de la France sous les heureux auspices des premières années du Régne de LOUIS XIV. DIEU-DONNE', & sous la Regence de la REINE sa Mere, par cette Inscription.

REGNANTE LUDOVICO XIV.

FELICI, TRIUMPHATORE, ADEODATO

REGIS ÆTATEM, ET REGNI MOLEM REGENTE

ANNA AUSTRIACA AUGUSTA,

PRINCIPIS ET SUBDITORUM MATRE OPTIMA.

GALLIA CÆLI PROLES. MUNDI MIRACULUM

GENTIUM ARBITRA, PRODIGIORUM THEATRUM

Ut quæ reliquum orbem bellicis rebus quotidie superat

RELIGIONE PARITER VINCERE PERGAT ET PIETATE

INTER AGGESTOS RECENTIUM IN DIES TROPHÆORUM ACERVOS

AUGUSTOS REGIS SÆCULORUM IMMORTALITATIS CODICES

SACRAS PAGINAS SEPTENO IDIOMATE RESONANTES

ÆTERNO IMMORTALITATIS TEMPLO APPENDIT

Summo perennitatis Authori

OFFERENTE, ET CONSECRANTE GUIDONE MICHAELE LE JAY.

Quelques Monnoyes de Naples, où la Couronne Royale de France paroît

sur

sur les Armoiries de la Communauté de cette Ville, ne me permettent pas
d'omettre l'entreprise du Duc de Guise sur ce Royaume, où il fut attiré par
le soulevement du peuple, qui vouloit secoüer le joug de la domination Espagnole, & se mettre sous la protection de la France. Ce Duc a lui-même écrit
les mémoires de cette entreprise, qui n'eut pas le succés qu'il attendoit. On
lui donne en ces Monnoyes la qualité de Duc de la République : HENRICUS
DE LORENA DUX REIPUBLICÆ NEAPOLITANÆ. *Henry de Lor-
raine, Duc de la République de Naples.* En l'une de ces Monnoyes est la figure de S. Janvier Evêque & Martyr, Protecteur spécial de la ville de Naples, dont les Citoyens prient ce Saint de les regir, & de les proteger :
SANCTE JANUARI REGE ET PROTEGE NOS. Dans une autre
est un Panier de fruits, avec ces mots : HINC LIBERTAS, parce que le
soulevement commença par les Vendeurs de fruits & de marée. Et dans l'autre sont des Epics de bled, & des Branches d'olivier, prétendant que ce
changement de Maîtres leur apporteroit la Paix & l'Abondance.

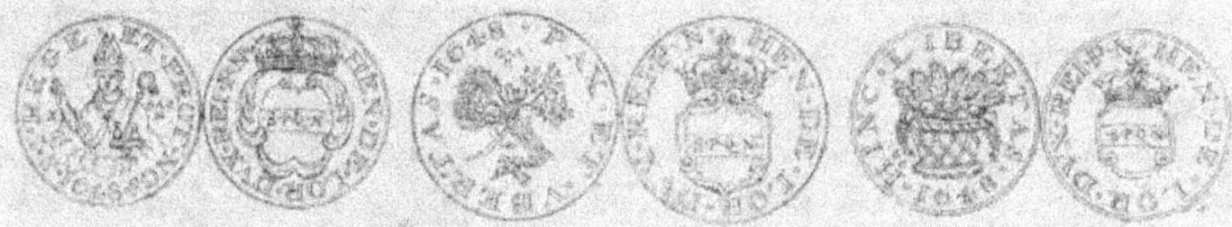

   Cependant Loüis de Bourbon, Duc d'Enguien, rendoit les armes du Roy
formidables en Flandres & en Allemagne, il prit Ypres, & gagna la Bataille
de Lens, comme deux ans auparavant il avoit pris Lanoy, Courtray, Ber-
gues & Furnes, reconquis le Fort de Mardik que les Ennemis avoient repris,
& la ville de Dunquerque. Mais les chagrins que le Ministre avoit causez à ce
Prince, pour ne luy avoir pas fourni, comme il croyoit, tous les moyens
nécessaires pour faire réüssir ses entreprises, le porterent à se retirer chez
les Ennemis, & firent bien-tôt changer de face à l'Etat de nos affaires. La
prosperité sembla nous avoir abandonné avec lui. Ainsi bien loin de chercher des Monumens publics des évenemens de quelques années suivantes, je
voudrois pouvoir les couvrir d'éternelles ténébres, pour ôter à la Posterité la
connoissance des troubles qui arrêtérent le cours de nos Victoires. Mais puisque le Roy lui-même, par un effet extraordinaire de bonté & de clemence, a bien voulu que l'on ôtât de l'Hôtel de Ville de Paris un Monument
qui marquoit sa juste indignation contre ceux de ses sujets qui s'étoient ou-
bliez de leurs devoirs, il ne faut pas qu'il en reste d'autres vestiges que les
marques généreuses de cette clemence Royale, puis qu'aussi-bien les grands
succés qui ont suivi sa Majorité, & qui l'accompagnent par tout si constamment, depuis qu'il a pris par lui-même le gouvernement de ses affaires, nous
ont non seulement fait oublier les troubles arrivez durant sa Minorité, mais
ont fait de son Régne une suite continuelle de prodiges.
   Si cette Majorité ne fut pas d'abord la fin de nos troubles, & de nos di-
visions, dont il resta quelques legers mouvemens, elle fut du moins le com-

mencement de nos plus belles eſpérances, où l'on vit bien-tôt aprés la France ſe rétablir & ſe relever peu à peu de ces inquiétudes domeſtiques qui l'a-
voient ſi fort ébranlée, & qui ſembloient la menacer d'une ruïne prochaine.

La différence de ces deux Etats nous eſt repreſentée par pluſieurs Deviſes
gravées ſur des Jettons, & rien n'en fait mieux le caractére qu'un Jetton de
l'année 1651. où l'on voit un Palmier, avec ces mots: *Acclinis ſpontè aſt in-
victa prementi*, qui nous apprennent que la France qui acquieſce facilement
aux voyes honnêtes que l'on prend pour traiter avec elle, ſe roidit contre
les violences.

Ce temps de la Majorité étant donc arrivé, le R O Y, le 7. de Septembre
1651. alla au Parlement de Paris tenir ſon Lit de Juſtice pour ſe déclarer
Majeur, & y fit lire & enregiſtrer ſes Edits contre les blaſphémes & les duels,
pour commencer ſon Régne par des actions de Religion & de Juſtice, dignes
d'un R O Y T R E S - C H R E T I E N.

Le temps de la Minorité de nos Rois avoit été incertain juſqu'à l'an 1375.
que le Roy Charles V. dit le Sage, ſéant en ſon Lit de Juſtice au Parlement,
fit une Ordonnance, par laquelle les Rois fuſſent reputez Majeurs dés qu'ils
entreroient en leur quatorziéme année; & au lieu qu'anciennement les Regens diſpoſoient abſolument des affaires ſous leur nom, ſans y faire connoître le Roy, Charles VI. ordonna l'an 1392. que d'orénavant il n'y auroit plus de telle Regence, mais qu'en quelque bas âge que la Couronne
échût aux Rois, ils ſeroient reconnus tels, ſacrez & couronnez; toutes les
affaires expédiées en leur nom, & cependant le Royaume gouverné par le
Conſeil du Regent, ou de la Regente aſſiſtez des Princes du Sang, & des
principaux Officiers de la Couronne.

J'ay repreſenté cette Majorité des Rois par une Lune, qui eſt pleine le quatorziéme
jour, & je l'ay accompagnée de ce mot: D E C I M O - Q U A R T O, qui ſignifie non
ſeulement que nos Rois ſont Majeurs à l'âge de quatorze ans, mais encore que la France
n'a jamais été plus glorieuſe que ſous le Regne de L O U I S X I V. J'eus l'honneur de
preſenter au R O Y cette Deviſe à Lyon l'an 1659. avec ſoixante autres Deviſes ſur
divers évenemens de ſa vie. Cependant il y a quelques années que quelques perſonnes
s'en ſont fait les Auteurs, en l'alterant en diverſes manieres.

Cette même année Pierre Chanut Ambaſſadeur pour le R O Y auprés de
la Reine Chriſtine de Suéde, pour l'honneur de nôtre Nation, & pour conſerver la mémoire de René Deſcartes Gentilhomme Breton, mort à Sto-
cholm peu de mois aprés que cette Reine l'eut attiré dans ſa Cour, luy fit
dreſſer un Tombeau, avec une Epitaphe latine, qui eſt un Eloge magnifique de ce ſçavant homme, qu'un nouveau ſyſteme de Philoſophie, & une
exacte connoiſſance des Mathématiques ont rendu célébre dans toute l'Europe, quoique la nouveauté de ſa doctrine ſoit un peu ſuſpecte dans quelques Ecoles qui ſuivent les principes d'Ariſtote reconnu depuis ſi long-temps
le Maître des Philoſophes.

La France eut en même temps un autre ſçavant Philoſophe, & fort habile
Mathématicien, qui fit une autre ſecte dans l'Ecole, c'eſt Pierre Gaſſendi,

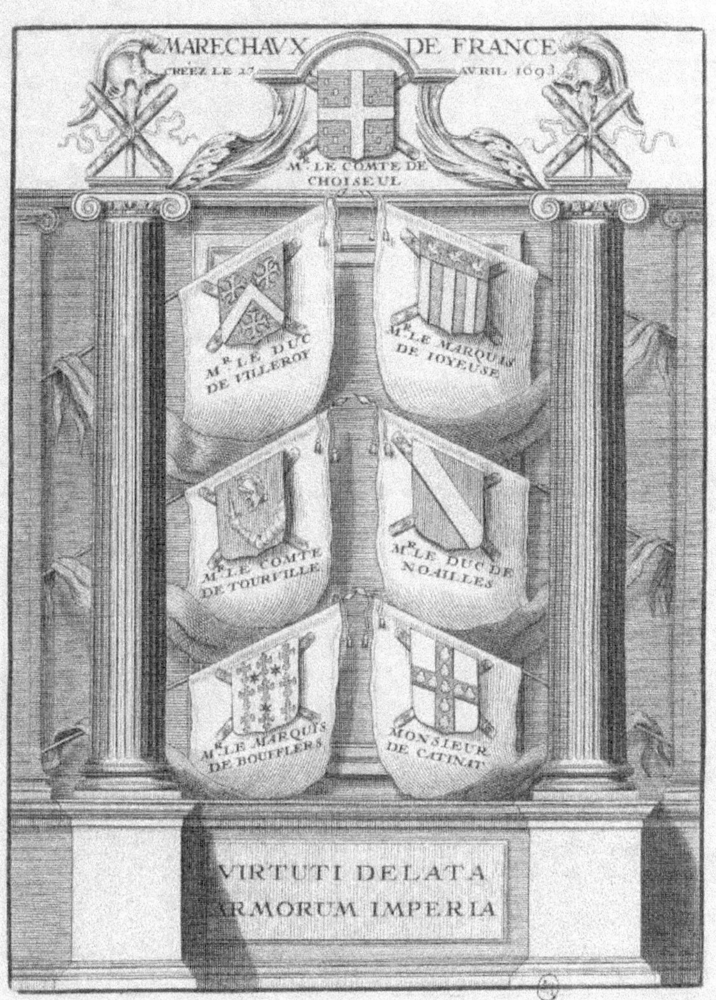

MARECHAVX DE FRANCE
CREEZ LE 27 AVRIL 1693
Mr LE COMTE DE CHOISEUL
Mr LE DUC DE VILLEROY
Mr LE MARQUIS DE IOYEUSE
Mr LE COMTE DE TOURVILLE
Mr LE DUC DE NOAILLES
Mr LE MARQUIS DE BOUIFLERS
MONSIEUR DE CATINAT
VIRTUTI DELATA ARMORUM IMPERIA

MAIOR·AB·ADVERSIS
AVDAX·IICT·VIAS
RESVRGIT
VT·PRAESIT·ET·PROSIT
RADIVM·EXCVTIT·NON
ET·EMIT·ET·ELEVAT
CRESCVNT·IN·FVLMINA
ETIAM·SPE·FVLMINIS·ARDET
OMNIA·SOLIS
QVIS·NVNC·IMPVNE·LACESSIT
INCET·AGIT·QVI·VNVS
IVNCTA·ARMA·DECORI
FACIT·OMNIA·FATA
QVO·NVLLA·PRIOR
PATET·ET·ALATEA
AVQVIRIT·EVNDO
RIA·OMNIA·CON
TVI·NEC·DE
NVSQVAM·META·MIHI
TOTO·E·MI·CAL·ORBE
NON·PRAECLAM·MILLE·QVOD·VNVS
TONAM·DE·IV
DECIMO·QVARTO

Prevôt de l'Eglise de Digne en Provence, & Professeur Royal des Mathématiques dans l'Université de Paris, où il mourut l'an 1655. Monsieur Habert
de Montmor, Maître des Requêtes, qui aimoit les gens de Lettres, & qui
les assembloit dans sa maison pour de sçavantes conférences, luy fit dresser
un Tombeau dans sa Chapelle en l'Eglise de S. Nicolas des Champs. Comme Monsieur d'Alibert ayant apporté en France les cendres de Monsieur
Descartes, les fit inhumer dans l'Eglise de Sainte Geneviéve de Paris, avec
deux Epitaphes ; l'une latine, & l'autre françoise, sous l'Image de ce célébre
Philosophe.

Le R o y, Majeur, oubliant généreusement tous les desordres des guerres civiles qui avoient agité quelques Provinces de son Royaume, les alla
visiter, après avoir accordé une amnistie générale à tous ceux qui s'étoient
éloignez de leur devoir. Il y a quelques Monumens publics de ces visites, & JETTON
de la clemence du R o y, particuliérement des Jettons. En l'un, un Aigle JETTON
tient un Caducée dans ses serres, & un Rameau d'olive, avec ces mots : 17.

NULLÆ COELESTIBUS IRÆ.

Point de fiel, ni d'aigreur dans les Ames celestes.

La Ville de Paris relevée par le Prince : ERIGET ILLE CADENTEM. JETTON
Il la relevera. 18.

Un Aigle qui enleve un Jeune-homme : MINOR EST QUÆ FULMINA GESTAT. JETTON
Etant Majeur, il a quitté la Foudre. 14.

Le Soleil éclairant une Ville : URBS ANTIQUA RESURGIT. JETTON
19.
La même Ville avec le Soleil : URBEM FACIT IPSE SERENAM. JETTON
Il luy rend son éclat & sa serenité. 24.

Cependant les lieux les plus éloignez de la Cour, ne laisserent pas de res-
sentir quelques restes des troubles. Barcelonne fut reprise par les Espagnols,
& il y a des Monnoyes frappées durant le Siége de cette Ville, avec ces mots : Voyez les
Monnoyes.

BARCINO OBSESSA. *Barcelonne assiegée.*

La France eut dequoy se consoler de cette perte, par les vains efforts que
firent les Ennemis l'an 1653. Sainte Menehoult, Rhetel, Mouzon, & Belle-
garde rentrerent dans l'obéissance du R o y. Les Espagnols furent battus au
Siége de la Roquette en Italie le 23. de Septembre, & dans la Plaine de Bour-
dils en Catalogne le 3. de Décembre.

Le R o y en sa quinziéme année sur la fin de 1652. commença à dissiper
les factions dans les lieux où il parut, à s'instruire à faire des armes, à mon-

ter à cheval, à animer par sa Présence la valeur & le courage de ses Soldats,
à faire lui-même la revûë de ses Troupes, à s'assurer le cœur de ses Sujets,
& à jetter les fondemens de ces grands succés que nous avons vûs depuis.
Entre ces Exercices de sa jeunesse, celuy de tirer aux Oiseaux, de la maniére
dont Virgile a décrit le jeune Julus fils d'Enée, & les Seigneurs Troyens, ser-
vit à donner des preuves de son adresse tant au Fusil, qu'à l'Arbaleste. Mais
une Médaille faite de ce temps-là, nous apprend qu'il s'éxerçoit moins à tirer
pour se divertir, que pour se former aux Exercices laborieux de la Guerre,
& qu'il regardoit les Oiseaux qu'il abatoit, comme les images des Ennemis
qu'il terrasseroit un jour. Ce qu'expliquoient ces mots de la Médaille :

SIC STERNERE DISCIMUS HOSTEM.

C'est ce qui a rendu les Jeux de l'Arquebuse considérables dans la plûpart
des Villes du Royaume, où l'on propose de temps en temps des Prix célébres pour ceux qui font les meilleurs coups. La Ville de Rheims, où cet
Exercice est ordinaire, a élevé une Statuë au R O Y dans le lieu où se font
ces assemblées. Cette Statuë est representée dans une Médaille, qui a pour
revers les Armoiries de Rheims.

Les visites que le R O Y fit dans ses Etats, sont comparées aux visites du
Soleil, dans une Médaille de 1659. dont le revers est la figure de cet Astre,
avec ces mots :

NEC POTIOR, NEC PAR.

Nul n'est plus grand que luy, nul même ne l'égale.

Pour faire goûter au jeune Prince l'étude de l'Histoire, & pour l'instruire
des devoirs d'un grand Capitaine aussi-bien que d'un grand Roy, on luy fit
lire, expliquer, & même traduire les Commentaires de Cesar. Les premiers
Livres de cette Traduction furent imprimez dans l'Imprimerie Royale du
Louvre, avec les Tables du Rendez-vous des Suisses, des Retranchemens de
Cesar, de la Bataille & de la défaite d'une partie de l'Armée des Suisses.

Monsieur de Peresixe Evêque de Rhodés, & Precepteur de SA MAJESTE',
écrivit pour luy la Vie du R O Y HENRY LE GRAND, & pendant
qu'on l'appliquoit ainsi à l'étude des Lettres, pour y exciter la Jeunesse de
son Royaume, il donna au College des Jesuites de la ruë S. Jacques, dit
alors le College de Clermont, & depuis de LOUIS LE GRAND, des Prix
qui se distribuënt encore tous les ans aprés une Tragédie mêlée d'Intermedes
& de Balets, qui se font le plus souvent à la loüange du R O Y. Il assista à
deux de ces Tragédies l'an 1651. & l'an 1653. avec la REINE sa Mere,
MONSIEUR son Frere Unique, & Monsieur le Duc d'Yorck, depuis Roy
d'Angleterre. Le Comte d'Armagnac fils aîné du Comte de Harcourt, en fit
l'ouverture & le Compliment au R O Y.

A ces Exercices d'Etude, d'Armes, de Manége, & de Chasse, le R O Y
en joignit de Divertissement. Il dansa plusieurs Ballets, où la richesse des
habits, la beauté des Décorations, la grace & l'adresse des Danseurs, la
Symphonie

le Roy dès sa Ieunesse s'exerçoit à tirer une oiseau et à faire des armes. la Legende dit que CEST AINSY QVIL APPRENOIT A FAIRE LA GUERRE A SES ENNEMIS ET A LES VAINCRE. Se fit aux Thuilleries l'ouverture d'un Prix Royal de l'Arquebuse, establi par le S. de la Chesnaye Grand Arquebusier de France.

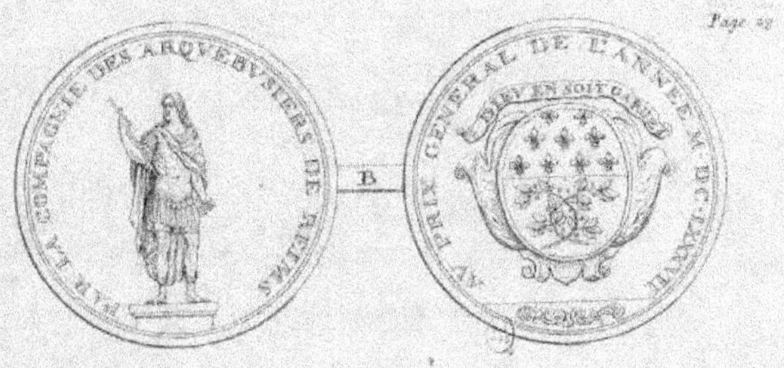

Symphonie, les Machines , & les sujets ingénieux de ces Spectacles firent avouer que la France commençoit à l'emporter sur les autres Nations dans ces agréables Divertissemens. Voici les plus célèbres.

Le Ballet de *CASSANDRE* dansé par le Roy âgé de 13. ans , 1651.

Les Fêtes de *BACCHUS* au Palais Royal , la même année.

Le Ballet de la *NUIT*, où le Roy representa le Soleil-levant, 1653.

Les Nôces de *PELÉE* & de *THETIS*, où le Roy representa Apollon , 1654.

Le Ballet du *TEMPS*, la même année.

Le Ballet des *PLAISIRS*, 1655.

Le Ballet des *PROVERBES*.

Le Ballet des *BIEN-VENUS* dansé à Compiegne la même année.

Le Ballet de *PSYCHÉ* , 1656.

Le Ballet de l'*AMOUR* Malade , 1657.

Les *PLAISIRS* troublez. Ballet dansé devant le Roy la même année.

Le *BALLET ROYAL* pour la Tragédie d'Hercule , 1662.

Le Ballet des *ARTS*, 1663.

Le Ballet des *AMOURS* déguisez , 1664.

Le *MARIAGE* forcé , 1664.

Le *PALAIS d'ALCINE* , 1664.

Le *BALLET ROYAL* de la Naissance de Venus , 1665.

Le Ballet de *FLORE* , 1669.

On fit cette année 1653. une découverte singuliere pour l'illustration de nôtre Histoire des Rois de la premiere Race. En travaillant auprés du Cimetiere de S. Brice dans la ville de Tournay , pour rétablir la maison du Tresorier, on trouva le 27. de May à sept pieds de profondeur le Tombeau du Roy Childeric Pere de Clovis , avec un grand nombre de Médailles d'or & d'argent des Empereurs Leon & Zenon. Il n'y manquoit rien de tout ce que la Religion des Payens consacroit à l'honneur & à la memoire des Morts, l'Epée, la Hache d'armes, une Boule de cristal, la Tête d'une Idole d'or en forme de tête de Bœuf, plusieurs Abeilles d'or, un peu plus longues que le pouce , émaillées de rouge. L'Anneau qui servoit de Cachet au Roy , avec ces mots, *CHILDERICI REGIS*, qui servirent à faire connoître de qui étoit ce Monument. Ce tresor fut donné à l'Archiduc Leopol qui gouvernoit les Païs-bas, porté en Allemagne , & mis dans le Cabinet de l'Empereur, aprés la mort de l'Archiduc. Monsieur l'Electeur de Mayence qui avoit vû ces curiositez dignes du Cabinet du R o y, les fit demander à l'Empereur par le Pere Brenik Jesuite son Confesseur, & Sa Majesté Impériale jugeant assez quel pouvoit être le dessein de Monsieur l'Electeur, fut bien aisé de trouver cette occasion de faire plaisir au R o y, il retint seulement vingt-sept des Abeilles, dont il y avoit plus de trois cens, & des copies des autres Monumens qui sont encore dans son Cabinet, avec une Inscription qui finit par ces mots : *Discas, Lector, vel sepultam Majestatem nusquam interire.* Monsieur l'Electeur en chargea Monsieur du Fresne, pour les presenter au R o y, ce qu'il fit le premier de Juillet 1665. avec une Attestation signée de sa main. Jean Jacques Chifflet premier Medecin de l'Archiduc, fit une Dissertation sçavante sur toutes les pieces de ce Tresor, & la fit imprimer sous ce titre : *Anastasis Childerici Francorum Regis*, s i v e *Thesaurus sepulchralis Tornaci Nerviorum effissus, & commentario illustratus.* C'est là qu'il dit que les anciennes Armoiries de France étoient des Abeilles, depuis déguisées en Fleur-de-lis; mais il se trompe, les Armoiries n'ayant été en usage que plus de six cens ans aprés, & nos premieres Fleur-de-lis n'ayant jamais rien eu de commun avec ces Abeilles, qui étoient un simple ornement des habits militaires de Childeric, & tout au plus sa Devise. Je donne icy la figure des pieces principales de ce Monument pour la curiosité des Lecteurs, qui peuvent voir ce Tresor dans la Bibliothéque Royale.

Le R o y ayant resolu l'année 1664. d'aller à Rheims se faire sacrer, refusa les honneurs d'une Entrée solennelle que luy vouloit faire cette Ville depositaire de la sainte Ampoule, qui sert à ces Cérémonies depuis le Baptême de Clovis, ainsi on se contenta de quelques inscriptions mises sur les Portes par où il devoit passer. Voicy les principales.

V O T U M

LAUS, VIRTUS, DELICIÆ, OPES, VICTORIA, IMPERIUM,

CHRISMA, VITA, SALUS:

QUAMVIS HÆC TUA SINT LUDOVICE, *OPTANTUR TIBI.*

QUID ENIM IN VOTIS TUORUM ESSE POTEST

Non Tuum?

TE LAUDE CLARUM, VIRTUTE REGIUM, DELICIIS AFFLUENTEM,

POTENTEM OPIBUS, VICTORIA NOBILEM, FORTEM IMPERIO.

CHRISMATE FELICEM, VITA INCOLUMEM,

GALLORUM SALUTI ATTENTUM CUPIMUS, TALEM HABEMUS.

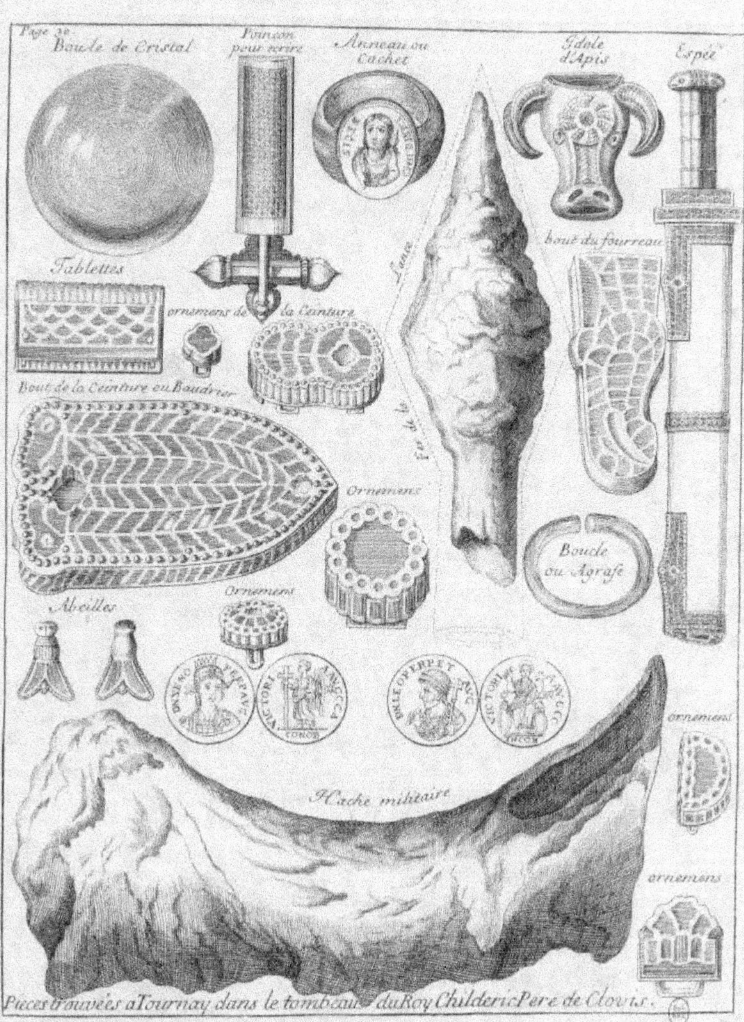

Page 30
Boule de Cristal
Poinçon pour ecrire
Anneau ou Cachet
Idole d'Apis
Espée
Tablettes
ornemens de la Ceinture
bout du fourreau
Lame
Fer de la
Bout de la Ceinture ou Baudrier
Ornemens
Boucle ou Agrafe
Abeilles
Ornemens
Ornemens
ornemens
Hache militaire
ornemens
Pieces trouvées a Tournay dans le tombeau du Roy Childeric Pere de Clovis.

TU

INTER ADEO-DATOS SECUNDUS, A DEO PRIMUS

A DEO DATO CHRISMATE MOX UNGENDUS,

Sancta Nomina, bona Omina

VICTOR OMNIUM AB UNO VICTUS DEO

IN BELLO VINCENS, VEL IPSUM BELLUM.

COLLIGE LAUROS, ET TRIBUE OLIVAM PACIS,

UNDE FELICIUS RECIPIAS OLEUM REGIS.

TUQUE O REX REGUM PER QUEM REGES UNGUNTUR

Et Regnant,

VOTIS ADESTO, SUPPLEX ORAT,

S. P. Q. R.

C'est à dire,

Loüange, Force, Bonheur, Richesses, Victoire, Authorité souveraine, Onction sacrée, longue vie & Prosperité. Quoique vous joüissiez deja, SIRE, de tous ces avantages, permettez que nous vous en souhaitions la continuation, & une possession paisible. Car quel bien pouvons-nous vous souhaiter, que vous ne possediez deja ? Que vous acqueriez de la gloire, une Puissance souveraine, les douceurs & l'Abondance qui accompagnent la suprême Autorité ; que la Victoire vous suive par tout ; que vous regniez avec un Pouvoir absolu ; que vous viviez long-temps, & que l'Onction sacrée attire sur vôtre Royale Personne toutes les benedictions du Ciel ? Que pouvons-nous encore desirer ? Que vous vous appliquiez à rendre la France heureuse, vous le faites au delà même de ce que nous pouvons souhaiter. Si vous êtes le second entre nos Rois DIEU-DONNEZ, vous êtes, aprés Dieu, le premier à qui nous devons nos obéïssances, & vous allez être sacré d'une huile donnée de Dieu. Tout est saint en cette Ceremonie, & d'un heureux presage pour nous. Toûjours victorieux par tout, ne cedez qu'à Dieu seul, qui est seul au dessus de vous. Triomphez de la guerre même au milieu de vos plus grands succez, & ne cueillez des lauriers que pour nous donner l'olive de la Paix, afin que vous soyez veritablement l'Oint du Seigneur, pour être ROY TRES-CHRETIEN. Et vous, ô Roy des Rois, de qui toutes les Puissances de la Terre tiennent leur autorité, & reçoivent l'Onction sainte pour regner, écoutez nos souhaits & nos prieres. Ce sont les vœux & les desirs des Magistrats, & de la Communauté de la Ville de Rheims.

Sous les Armoiries de la Ville, qui font une branche ou rainſeau d'olivier, par alluſion à ſon nom, de *Ramus*, Raim en vieux langage, on liſoit ces cinq Vers.

> TOY *de qui la bonté tient tant d'ames captives*,
>
> *Et de qui la Valeur t'acquit tant de ſujets*,
>
> *Souffre qu'à tes Lauriers je joigne mes Olives*
>
> *Pour te faire*, GRAND PRINCE, *aprés tant de beaux Faits*
>
> SOUVENIR DE LA PAIX.

Ce fut le 7. de Juin que ſe fit dans l'Egliſe de Rheims cette auguſte Cérémonie ſelon les formes ordinaires décrites dans le Cérémonial de France, & gravées par le Pautre en trois grandes feüilles, avec les Explications des fonctions de toutes les perſonnes diſtinguées qui s'y trouverent.

Les Médailles qui furent faites pour cette cérémonie, repreſentent le Roy en deux etats; en la Cérémonie actuelle du Sacre, & aprés la Cérémonie. En la premiere qui eſt fort petite, & de figure ovale, avec un petit anneau à la maniére des Médailles que l'on attache aux Chapelets, la Tête du Roy comme celle des anciens Empereurs, eſt couronnée de laurier, avec ces mots : LUDOVICUS XIV. FRANCIÆ ET NAVARRÆ REX, SACRATUS DIE VII. JUNII 1654. *LOUIS XIV. Roy de France & de Navarre, ſacré le 7. de Juin*, 1654. Il y a cependant quelques Médailles où cette cérémonie eſt marquée avoir été faite au mois de May, ce qui cauſeroit un jour de la confuſion dans nôtre Hiſtoire, ſi l'on n'avertiſſoit que cette Cérémonie qui devoit être faite alors, fût différée juſqu'au 7. de Juin, & que les Médailles qui avoient été frappées pour le jour déſigné au mois de May, n'ayant pû être toutes ſupprimées, il s'en trouvera dans les Cabinets des Curieux, avec cette fauſſe datte.

Le revers de cette petite Médaille fait voir le ROY à genoux ſur un Prie-Dieu tourné en face, la Foy & l'Eſpérance élevées ſur des Piedeſtaux, luy ſoûtiennent la Couronne Royale ſur la tête, & cette Couronne eſt ſurmontée d'une flâme, ſymbole de la Charité, comme du ſein de la Couronne ſort une Colombe portant à ſon bec la ſainte Ampoule, où eſt conſervé le Chrême ou le Baume qui ſert à cette Cérémonie. Sur le Tapis du Prie-Dieu on lit ces mots abregez : CHARITAS IN CORDE DIFFUSA PER SPIRITUM SANCTUM. La Legende du Cercle de la Médaille eſt celle-cy : LUMEN DE NUMINE, DE LUMINE NUMEN, pour dire, que la veritable lumiere, qui eſt celle de la Foy, vient de Dieu; & que l'Autorité Royale qui fait un ROY TRES-CHRETIEN, vient des lumieres de la Foy.

En l'autre Médaille on voit le ROY avec les Habits Royaux & les grands Colliers des Ordres dont il eſt Chef & Souverain Maître, il les reçût en cette qualité le lendemain de ſon Sacre, des mains de l'Evêque de Soiſſons,

qui

La Medaille represente le Roy auec les habits Royaux, et les grands colliers des ordres, qui reuient de l'Eueque de Soisson le lendemain de son sacre, et la donne raison à Monsieur son Frere Vnique. le reuers est la S.te Ampoule qui descend du ciel, auec la Ville de Rheims ou se fit le sacre; et la Legende nous apprend que ce fut le 7 Iuin 1654 qu'il fut sacre et salué Roy par les Princes, les Prelats, les Pairs du Royaume, et les officiers de la Couronne.

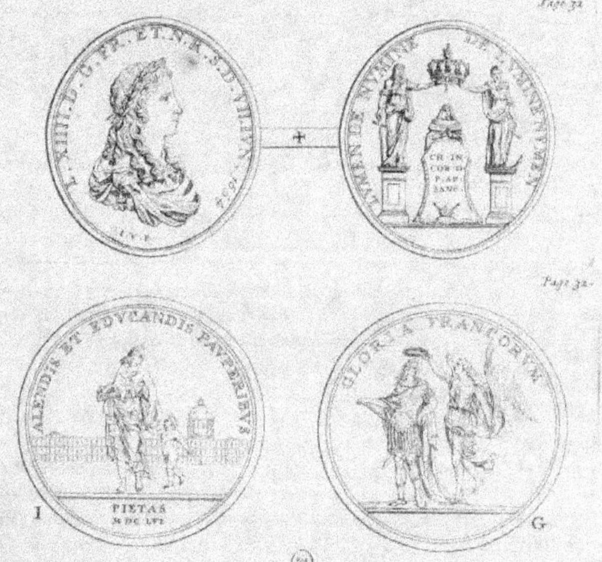

qui l'avoit sacré au défaut de l'Archevêque de Rheims premier Pair Ecclésiastique du Royaume, à qui cette fonction appartient de droit. La Legende
de cette Médaille est celle-cy : LUDOVICUS XIIII. DEI GRATIA
FRANCIÆ ET NAVARRÆ REX CHRISTIANISSIMUS.
LOUIS XIV. par la grace de Dieu Roy Tres-Chretien de France & de Navarre.

Au revers on voit la ville de Rheims, avec son Nom dans l'Exergue,
pour marquer le lieu du Sacre, RHEMIS, à Rheims. Une Colombe portant la sainte Ampoule, descend du Ciel au milieu des lumiéres. La Legende qui est une suite de celle du côté de la Tête, dit : SACRATUS AC
SALUTATUS RHEMIS JUNII VII. C'est à dire, Sacré & salué Roy
à Rheims le 7. jour de Juin, où il faut remarquer le terme de Salué Roy,
le Sacre n'ajoûtant rien au droit de la Couronne, ni à l'Autorité Royale
qui est acquise à nos Rois par leur naissance, comme un bien héréditaire.
Ainsi ce n'est qu'une Cérémonie où ce Roy reçoit les hommages des premiers Officiers de la Couronne, & des trois Etats du Royaume representez
par les Pairs Ecclésiastiques & Laïques, & par ces grands Officiers.

Quelques jours aprés cette Cérémonie, le ROY alla au Collége des Jesuites, où les Ecoliers dansérent devant SA MAJESTE' un Ballet, dont
le sujet étoit LE LYS SACRE' ROY DES FLEURS. Peu de temps
aprés le Sacre du ROY on vit les effets de cette charité, que l'Onction sacrée avoit allumé dans son cœur, par le rétablissement de l'Hôpital Général de la ville de Paris, où l'on renferma tous les Pauvres mendians. Car
quoique la Déclaration en eût été donnée le 23. d'Avril 1652, on ne con-
somma ce grand Ouvrage que l'an 1656, comme on peut voir par la Médaille qui marque cette Action de Piété, avec la figure des Bâtimens de ce
grand Hôpital nommé de la Salpêtriere, du nom du lieu où il fut bâti au
dessus du Fauxbourg de S. Victor, assez prés de celuy de S. Marcel. La Piété
est representée dans cette Médaille avec des Enfans nuds, dont elle porte
l'un, & tient l'autre par la main, avec ce mot PIETAS, & trois mots
dans le Cercle, qui apprennent que ces Bâtimens ont été destinez à nourrir,
loger & entretenir les Pauvres : ALENDIS ET EDUCANDIS PAU-
PERIBUS.

Aprés cette entreprise, digne de la Piété du ROY, qui est le Pere de
ses Peuples, aussi bien que leur Souverain, par combien de magnifiques desseins & de succés avantageux vit-on ce jeune ROY chercher la gloire, &
travailler à s'acquerir le Titre de GRAND, que les suffrages de toute l'Europe luy donnerent peu d'années aprés ? Il commença dés lors à être la gloire
des François, comme il est representé en une Médaille vêtu en Heros, qui
s'appuye sur un Bâton de Commandant, & se tourne vers la Gloire qui le
couronne, & qui se fait connoître par ces mots de la Legende : GLORIA
FRANCORUM. La Gloire des François.

La France en effet changea tout-à-coup de face. Les nuages se dissiperent;
Peronne resista aux insultes des Ennemis; Stenay fut repris, & les Espagnols
contraints de lever le Siége d'Arras,

La Province d'Artois, pour conserver le souvenir d'une Action si mémorable arrivée la nuit du 24. au 25. d'Aoust, jour de la Fête de S. Louis, fit un JETTON Jetton, où la Tête du Roy est couronnée de laurier, avec cette Legende: 2L. LUDOVICUS XIV. FRANCIÆ ET NAVARRÆ MONARCHA, HISPANORUM VICTOR, COMES ARTESIÆ. *LOUIS XIV. Roy de France & de Navarre, Comte d'Artois, Victorieux des Espagnols.* Le Lambel chargé de neuf Châteaux, brisure des Armoiries des anciens Comtes d'Artois, Princes du Sang de France, est au dessous de la Figure du Roy, comme Devise de la Province, dont les neuf Châtellenies sont representées par ces neuf petits Châteaux. Au revers est la levée du Siége d'Arras, dont le nom est écrit au dessus de la Ville, comme la Legende dit que cette Action est d'un heureux presage pour la Paix: HÆC SUNT PRÆLUDIA PACIS.

Dans un autre Jetton la même Province presente au ROY, vêtu en Heros, la Couronne que les Romains donnoient à ceux qui avoient délivré les Places assiégées, & ces mots expliquent la reconnoissance de cette Province envers son Libérateur:

LIBERATORI DEBITAM REPENDO.

A mon Liberateur je rends ce que je dois.

Ce changement de face, dans l'état de nos affaires, fut l'occasion de fabriquer une nouvelle Monnoye d'or & d'argent, à laquelle on donna le nom de Lys, dont vous pouvez voir la figure dans l'une des Planches des Monnoyes, avec cette Legende, tirée du Chapitre V. du Livre IV. d'Esdras: DOMINE, ELEGISTI LILIUM TIBI. *Seigneur, vous avez choisi le Lys.* Il semble en effet que le Ciel ait pris la France, designée par la Fleur-de-lis, sous sa protection, d'une maniére singuliére, particuliérement sous ce Régne rempli de tant de succés & de prosperitez depuis la cessation des troubles & des guerres civiles.

Saint Venant, Mardick, & Montmedy furent reduits sous l'obéissance du ROY, l'an 1655. comme Landrecies, Condé, & S. Guillain avoient été pris l'an 1657, la Capelle & Valence sur le Po, l'an 1656.

La prise de Montmedy est le sujet d'une Médaille, où les Armoiries de cette Ville, couronnées d'une Couronne de Tours, sont placées sur un Trophée élevé au dessus d'une Montagne, ou d'un Rocher, qui donne le nom à cette Place. Ce nom est dans l'Exergue, avec la datte de l'année de sa prise.

MONSMEDIUS CAPTUS MDCLVII.

Montmedy pris l'an 1657.

La Legende fait connoître que ce furent comme les prémices des Armes du ROY, qui se trouva present à ce Siége:

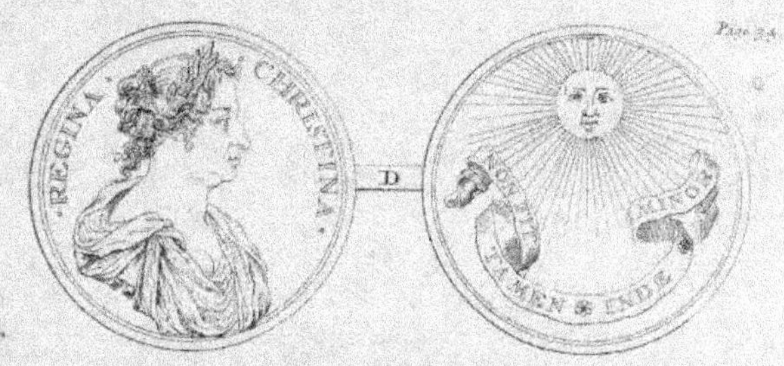

LE CARDINAL IULES MAZARIN qui avoit esté ministre durant la Minorité du Roy, termina glorieusement son Ministere par les negotiations de la Paix des Pyrenées dans l'Isle de Bidassoa. l'an 1660. Il fut comparé à l'Univers qui fait L'ORDRE DV MONDE ET QVI ENTRETIENT L'ABONDANCE

ARMORUM PRIMITIÆ.

I

Le bruit de ces grandes Actions attira en France la Reine Christine de Suéde, qui avoit renoncé à ses Etats. Elle fit son Entrée dans Paris le 8. jour de Septembre 1656. accompagnée du Duc de Guise que le Roy avoit envoyé au devant d'Elle pour luy procurer tous les honneurs dûs à sa condition. Deux jours auparavant elle avoit été reçûë à Essaune dans la maison de Monsieur Hesselin Maître de la Chambre aux deniers, où tout ce que la Musique & les Spectacles ont de plus agréable, avoit charmé cette Reine tant par les Décorations, Feux d'artifices, Illuminations, Ballets, Machines, Concerts, & Recits, que par la disposition de cette Maison, qui sembloit un Palais enchanté. Elle fut complimentée au Louvre par toutes les Compagnies, & visitée par toutes les personnes les plus distinguées du Royaume. Elle honora d'une visite l'Académie Françoise, & assista à ses Conférences.

Cette REINE avoit pour Devise un Soleil dans son Apogée, qui, pour paroître plus petit par son élevation qui l'éloigne de nous, n'en perd néanmoins rien de sa grandeur. C'est ce que disoit le mot qui accompagnoit ce corps de sa Devise : NON FIT TAMEN INDE MINOR. Cette Reine voulant faire connoître par cette Devise, que quoy qu'elle eût renoncé à un Royaume, elle n'en étoit pas moins REINE, ayant sacrifié aux seuls intéréts de la Religion, & au desir de cultiver les belles connoissances qu'elle avoit acquises, toute la grandeur qui flatte l'orgueil & l'ambition des hommes.

Nos Conquêtes, & la Réputation du ROY croissoient & s'augmentoient tous les jours avec le nombre de ses années, quand une maladie dont il fut atteint à Calais, & qui avoit été causée par les fatigues de la guerre, fit trembler toute la France pour une vie si precieuse.

A peine fut-il rétabli, que pour prévenir de semblables accidens, & pour luy assurer des Successeurs, on songea à le marier, & à procurer par cette Alliance la Paix à toute l'Europe. Le voyage de Lyon, & une suspension d'armes furent les Préliminaires de ces deux Négociations, qui commencerent par l'entrevûë du Duc de Savoye, & de MADAME ROYALE sa Mere avec le ROY & la REINE MERE, & qui prirent un nouveau tour par les conférences secrettes du Cardinal Mazarin avec Pimentel

Envoyé d'Espagne, pour faire des propositions au Roy sur la Paix, & sur son Mariage.

Ce fut alors que le Roy qui avoit tenu un Lit de Justice au Parlement de Dijon, en passant par la Bourgogne, fut reçû dans Lyon avec toute la magnificence que la briéveté du temps, & la défense que Sa Majesté avoit fait de luy dresser une Entrée solennelle pûrent permettre. On y fit des Feux de joye d'une beauté singuliére; on dansa dans le College un Ballet, dont le sujet étoit, L'Autel de Lyon consacré a Louis Auguste, par rapport à ce fameux Autel dont parlent Suetone & Juvenal, qui fut dédié à Auguste aux frais de soixante Nations. On y fit des Combats sur l'eau, & d'autres Fêtes publiques; & pour en conserver le souvenir, on publia une Médaille où le Roy étoit couronné par la Gloire, comme Reparateur du repos public: & dans le revers étoit le Temple de Janus changé en Feu d'artifice pour servir d'heureux presage à la Paix que l'on attendoit, avec l'Epoque du Gouvernement de Monsieur le Maréchal de Villeroy, & de Monsieur l'Archevêque son frere, Lieutenant de Roy dans la Province & dans la Ville.

Le Roy alla de Lyon en Provence visiter les Côtes de la Mer Méditerranée, & ces visites salutaires, semblables à celles du Soleil, porterent par tout la joye, l'abondance, la tranquillité, & les espérances d'une Paix prochaine. La Médaille qui fut faite en ce temps-là, le represente couronné de laurier, avec le Soleil au revers, & ces mots:

Nec potior, nec par.

Nul plus puissant que luy, nul autre ne l'égale.

On commença dés lors à travailler avec application aux Négociations de la Paix qui fut précédée d'une Tréve, pour donner lieu aux Conférences du Cardinal Mazarin & de Dom Louis de Haro Plenipotentiaires des deux Couronnes, qu'une longue guerre avoit divisées, & que deux Mariages avoient déja autrefois reconciliées. Ce fut dans l'Isle des Faisans sur la riviére de Bidassoa aux confins des deux Royaumes vers les Pyrenées, & contre Fontarabie que se firent ces Conférences. Cette Paix fut concluë le 7. de Novembre 1659. & les conditions établies sur le Mariage du Roy & de Marie Therese Infante d'Espagne.

Le Roy reçût la ratification de ce double Traité à Aix en Provence, le 2. jour de Février 1660, & ce même jour Gaston Jean-Baptiste de France Duc d'Orleans, qui avoit été déclaré à la mort de Louis XIII. son Frere, Lieutenant Général de l'Etat, & Chef des Conseils sous l'autorité de la Reine pendant la Minorité, mourut à Blois où il s'étoit retiré. Il avoit commandé les Armées en Flandres, & pris les villes de Gravelines, de Béthune, de Bourbourg, d'Armentieres, de Courtray, le Fort de Mardick, &c. Il laissa quatre Princesses, Mademoiselle de Montpensier, Anne Marie Louise d'Orleans, Souveraine de Dombes.
Madame

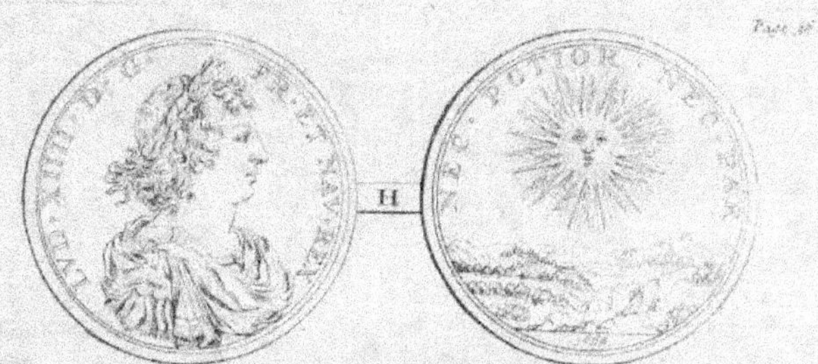

Les visites que fit le Roy des villes et des Provinces de son Royaume sont comparées en cette Medaille aux visites du Soleil. QVI N'A PAS SON PAREIL AV MONDE NY AVCVNE AVTRE PVISSANCE QVI L'EGALE.

La Ville de Lion pour conserver le souvenir de la Paix donnée a l'Europe par le Mariage du Roy fit cette medaille où la Paix couronne le Roy d'une couronne d'olivier POVR AVOIR RETABLY LE REPOS. Le Re vers fait voir le Temple de Janus en lieu d'Eglise, et de Renom, avec tous l'Europe. Gouvernement de Messieurs de Villeroy, Mareschal de France, et de l'Archevesque son frere, famille de Neuville. 1660.

Madame la Grand' Duchesse de Toscane , MARGUERITE LOUISE D'ORLEANS. Madame de Guise , ELIZABETH D'ORLEANS , & FRANÇOISE MAGDELAINE D'ORLEANS, Damoiselle de Valois, qui épousa Charles Emanuel II. Duc de Savoye , & fut reçûë dans Chambery & dans Turin avec une magnificence extraordinaire. Je fus employé à celle de Chambery, dont j'ay donné autrefois une ample description sous le Titre des NOEUDS D'AMOUR, ancienne Devise de la Maison de Savoye.

Le Comte Emanuel Tesoro fit celle de Turin.

La Paix fut publiée dans tout le Royaume avec des réjoüissances singulieres , & la ville de Lyon se distingua entre les autres Villes en ces sortes de Fêtes.

L'entrevûë des deux Rois fut l'achevement de ce Traité , où le ROY reçût des mains mêmes de Philippe IV. Roy d'Espagne son Epouse , l'Infante MARIE THERESE sa Cousine germaine , & Fille aînée de ce Roy , & d'une Fille de France.

Nous avons plusieurs Jettons & plusieurs Médailles qui nous marquent ces deux Traitez de Paix & de Mariage.

On voit en un de ces deux Jettons l'Isle de la Conference , les Bâtimens qui y furent construits pour servir aux conferences des Ministres, & à l'entrevûë des deux Rois, avec les deux Ponts par lesquels on passoit de part & d'autre , avec ces mots : JETTON 26.

ÆTERNO FOEDERE JUNGAM.

Dans un autre on voit deux Mains jointes en signe de Paix & d'Alliance, par une troisiéme qui les unit , & qui semble sortir des nuës au dessous de trois Etoiles des Armoiries du Cardinal Mazarin , principal instrument de cette Paix & de cette Alliance , avec ces mots : JETTON 27.

PACEM ET CONNUBIA FIRMANT.

Nous avons plusieurs Monumens de cette Alliance en Médailles & en Jettons.

La Médaille où la Cérémonie est representée , n'a pour revers que ce distique latin.

Fit Pax dum Thalamo Jungis LUDOVICE MARIAM

Ergo Venus Martem , Marsque ligat Venerem.

Les Portraits du ROY & de la REINE font une seconde Médaille , & dans un autre l'Arc-en-ciel , symbole de Paix & d'Alliance , fut la Devise propre de la REINE depuis cette cérémonie , avec ces mots :

IN FOEDERA VENI.

Je ne parois que pour donner la Paix.

L

Deux mains jointes dans une autre Médaille , dont le champ est semé de Fleur-de-lis , augurent à la France & à l'Espagne une concorde éternelle.

Les deux Têtes de l'Epoux & de l'Epouse sont tournées l'une à l'autre dans une autre Médaille. Une douce Rosée qui tombe du Ciel, promet dans cette Médaille un temps heureux , par ces mots :

NON LÆTIOR ALTER.

Le revers d'une autre Médaille du Roy est le Soleil, dont les influences font la fecondité de la Terre , avec ces mots :

FOECUNDIS IGNIBUS ARDET.

De ses ardeurs vient la fecondité.

Vingt Devises tirées de divers Jettons , & de quelques Fêtes publiques données en divers endroits du Royaume , sont representées dans un Bouquet de Fleurs , où l'Impériale tient le lieu le plus éminent , comme le symbole de la REINE sortie du Sang des Empereurs. Ce fut aussi le sujet du Ballet qui fut dansé cette année au Collége des Jesuites de la ruë S. Jacques à la Tragedie pour la distribution des Prix. L'Argument de ce Ballet étoit , LE MARIAGE DU LYS ET DE L'IMPERIALE.

On representa à la Cour pour ce même Mariage , *Hercule amoureux, Tragedie* , avec un Opera Italien , & un Ballet dansé par le Roy & la Reine.

On a donné en deux grandes feüilles la Carte de l'Isle des Faisans, le Plan du Bâtiment , avec les noms des Princes & des principaux Seigneurs tant de France que d'Espagne , qui accompagnerent les deux Rois , & qui se trouverent à leur entrevûë.

L'Entrée triomphante de la REINE dans Paris , fit éclater la magnificence du ROY , la joye des Peuples , les empressemens & la pompe des Magistrats & des premieres Compagnies du Royaume. Cette Entrée fait le sujet d'une Médaille & d'un Jetton , dont l'une represente la Reine dans un superbe Char de Triomphe tiré par quatre chevaux attelez de front , à la maniere des anciens Triomphes , & conduit par l'Amour , avec cette Inscription : ADVENTUI REGINÆ FELICISSIMO. Sous le Char est le mot LUTETIA , avec l'année MDCLX. Le revers de cette Médaille est une Devise de la Lune qui refléchit vers le Soleil la lumiere qu'elle reçoit de cet Astre , avec ce mot :

EO REGERIT UNDE ACCEPIT.

Elle luy rend l'éclat qu'elle en reçoit.

L'Inscription du Jetton ou de la petite Médaille est AUGUSTÆ PACIFERÆ JETTON LUTETIAM FELIX INGRESSUS. La date du jour est au dessous ,
31. *26. Augusti* 1660.

LA PAIX ET LE MARIAGE
DV ROY.
1660.

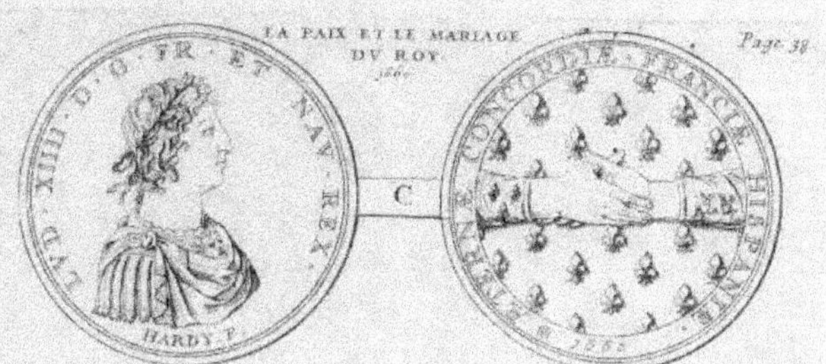

Conclusion de la Paix entre la France et l'Espagne dans l'Isle des Faisans, sur les confins des deux Royaumes, le 7. Novembre 1659. et les conditions establies pour le Mariage du Roy et de l'Infante.

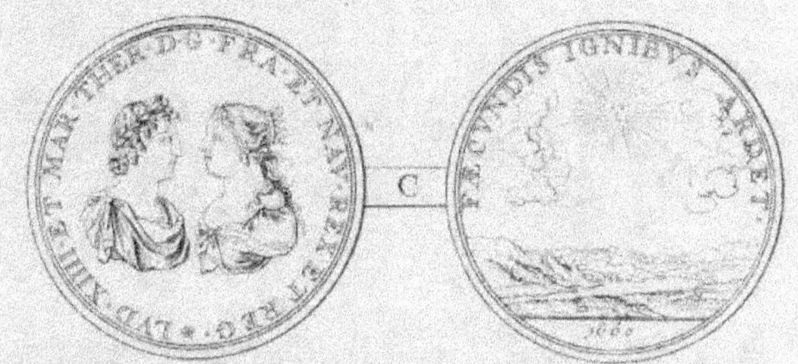

Ceremonies du Mariage du Roy faites à S. Jean de Luz le 9. Aoust 1660. après avoir esté faites à Fontarabie le 4. la Devise est la Terre esclairée du Soleil. C'EST PAR SES CHASTES FEUX, QU'ELLE DEVIENT FECONDE.

POVR L'ENTREE DE LA REINE.

la Rosée
ELLE PROMET DES IOVRS BEAVX ET SEREINS.

La cérémonie du Mariage du Roy fait à S.t Jean de Lus après la Paix des Pyrénées est représentée en cette Medaille et les deux Vers disent que cette alliance sacrée de Louis et de Marie est l'alliance de Mars et de Venus c'est à dire de la Valeur et de toutes les Graces

Marie Therese Infante d'Espagne Fille ainée de Philippe IV. Roy d'Espagne et d'Elizabeth de France sa premiere Femme fut Mariée au Roy à fonterabie par l'Evesque de Pampelune le 4.e de Juin 1660 et la Cérémonie nuptiale faite a St Jean de Lus cinq Jours après Elle a été Reine 23 ans

Cet arc-en-ciel fut la devise propre de la Reine comme le Soleil est celle du Roy et comme ce Meteore est un signe de sérénité et le signe de l'alliance ou de la reconciliation de Dieu avec les hommes après le deluge le Mariage de cette Princesse fut le gage de la Paix entre les deux Couronnes

Page 34 B.

Marie Therese Infante d'Espagne fille de Philippe IV Roy d'Espagne ayant Epousé le Roy fit son Entrée Solonnelle dans Paris le 26 Aoust 1660 L'honneur conduit son char et la Medaille la representante sous le Symbole de la Lune qui reflechit vers le Soleil tout l'Eclat qu'elle en reçoit et que signifie la vertu de la Deesse.

Page 34 E.

Pour la citadelle de Marseille cette Inscription fut gravée sur la premiere Pierre posée le 3.e Fevrier 1660. ut Fideli massilia aliquorum motibus aliquius concitata in propriam Rempublic daamnum vel audaciorum petulentia vel minus Libertatem cupido tandem ruerret LVD XIV Gall Imp optimatum Popuilique securitati, hac arce Provider.

la Felicité du Regne est representée en cette medaille à la maniere des Medailles antiques.

le Roy donna tous ses soins a l'Establissement du commerce, dans ce Royaume l'an 1666 il envoya des Flottes aux Indes, regla les affaires de la marine, donna de nouveaux Privileges aux arts et aux manufactures, l'une de ces medailles marqué LA NAVIGATION RESTABLIE et l'autre sous l'image de Minerve la France qui est armée pour combattre, et qui d'ailleurs protege les arts, cette Medaille fut faite pour les Bastimens Royaux.

MARIAGE DU ROY

Un autre Jetton a les Têtes du Roy & de la Reine affrontées, avec cette Legende : LUDOVICUS XIV. ET MARIA THERESIA DEI GRA- TIA FRANCIÆ ET NAVARRÆ REX ET REGINA. Le revers est une Foy ou une Alliance de deux Nations jointes, avec ces mots :

JETTONS
29. & 30.

FELICITAS PUBLICA.

La félicité publique ne fut pas le seul fruit que produisit un Mariage si heureux. Mais comme les Duels supprimez par la vigueur des Edits, le repos procuré à la Provence, & la sûreté aux côtes de la Mer Mediterranée par les deux Citadelles qui flanquent le Port de Marseille ; l'établissement de la Marine ; l'avancement des Arts & du Commerce avoient déja fait donner au ROY le Titre de Pere de la Noblesse, de Pere de la Patrie, & de Pere des Peuples. La REINE son Epouse le fit Pere d'un DAUFIN le premier jour de Novembre 1661. Il y a des Médailles de tous ces évenemens ; mais une nouvelle Scene s'ouvre icy à la gloire de mon Heros. Le ROY prend en main le timon du Gouvernement, & se charge de la conduite de ses Etats. Son Histoire change aussi de face, & la multitude surprenante des grands évenemens qui se presentent, ne me permet plus de m'étendre. Je ne fais plus que des sommaires pour l'intelligence des Médailles, & des autres Monumens publics. Je suy l'ordre de ces Actions & de ces évenemens, pour en donner un à ces figures, qui n'en ont point eu d'autre en leur évulgation que la diligence des Ouvriers, & la détermination de ceux qui en font les Types & les Legendes, & qui travaillent encore actuellement à des Médailles pour les premieres années du Régne. Ainsi il y a plusieurs Actions célébres qui n'ont pas encore paru sous ces Images historiques, & qui attendent qu'on leur rende cet honneur qui leur est dû.

L'ordre des années observé en ce Sommaire, & les chiffres des Médailles mis à côté de chaque Action qu'elles representent, serviront de guide aux Lecteurs, jusqu'à ce que j'aye le temps de recueillir un nombre prodigieux de Monumens historiques épars en divers endroits, pour faire un Ouvrage complet, qui sera peut-être original, n'y ayant aucune Histoire d'aucun Prince qui ait paru jusqu'icy accompagnée d'autant de marques d'honneur, ni d'autant d'ouvrages publics consacrez à sa memoire, que le sera cette Histoire du Regne de LOUIS LE GRAND.

Vingt-quatre Devises posées autour d'une Colonne rostrale, sur laquelle son Buste est élevé, couronné par deux Renommées d'une Couronne d'Etoiles, le representent d'abord gouvernant ses Etats par lui-même. C'est là comme la cinquième Scene de son Histoire, après celle de sa Naissance, de son Avenement à la Couronne sous la Regence de la REINE sa Mere, de sa Minorité, & de son Mariage. Et quelque glorieuses qu'ayent été ces vingt premieres années de sa vie, celles qui ont suivi ces temps heureux semblent les avoir effacées par la multitude nombreuse de Prodiges continuels, qui luy ont acquis par tant de Titre le Nom auguste de LOUIS LE GRAND.

Comme au lever du Soleil le monde change de face , les ténébres se dissipent , la joye & l'abondance se répandent par tout à la faveur de ses lumieres ; ainsi tout brille d'un nouvel éclat quand le Roy commence par
lui-même à voir , à disposer & à regler toutes choses dans ses Etats. C'est le sujet d'une Médaille , où sous la figure d'Apollon ou du Soleil il tient un gouvernail , symbole de la Sagesse de son Gouvernement , & une Lyre dont les
accords representent l'harmonie du monde. La vivacité de son esprit , son
application & ses lumieres sont également bien representées par les rayons
qui sortent de sa Tête. Il est assis sur un Globe orné de trois Fleur-de-lis , &
la Legende nous assure qu'*en prenant ainsi la conduite de l'Etat* , pour le
gouverner lui-même , il a mis l'Ordre par tout , & fait aujourd'huy la
Felicité de ses Peuples.

**I.
Medaille.**

ORDO ET FELICITAS.

**II.
Medaille.**

Il est aussi l'heureux Génie de la France , à qui le Ciel , sur le commencement de la seconde année de son Mariage , a donné un Fils pour affermir
nôtre bonheur , en affermissant nos esperances. Cette Naissance de Monseigneur le Daufin arrivée à Fontainebleau le Mardy premier
jour de Novembre sur le Midy , moins sept minutes , fut une occasion de
joye singuliere pour toute la France , qui en fit des demonstrations publiques
dans toutes les Villes , par de solennelles Actions de graces , par des Festins ,
des Fontaines de vin , des Feux d'artifice , des Illuminations , des Ballets , &
d'autres spectacles & réjouissances. Les heureuses circonstances de cette Naissance , le premier jour du mois , un Mardy , jour de la Planéte de Mars ,
& à parler plus chrétiennement , la troisième Ferie , le jour de la Fête de tous
les Saints , si celebre dans l'Eglise , la seconde année du Mariage du Roy en
la vingt-troisiéme année de son âge , & la dix-huitiéme de son Regne , dans
Fontainebleau , lieu de bon augure , pour avoir été celuy de la Naissance de
cinq ou six de nos Rois , entr'autres de Louis XIII. surnommé le Juste ,
& la remarque des Astronomes qui observerent qu'il avoit le même ascen-
dant qu'avoient eu l'Empereur Auguste & Charlemagne , donnerent lieu aux
Poëtes , aux Orateurs , & aux meilleurs Esprits du Royaume , de composer
plusieurs Ouvrages , & de former des prognostics avantageux sur cette Naissance.

Les Recteurs & Administrateurs de l'Eglise Nationale de S. Louis à Rome ,
firent un superbe Feu de joye d'une Machine élevée sur un grand rocher
percé à jour , sur lequel s'élevoit un double Piedestal octogone à quatre grandes faces , & autant de retours , sur lesquels étoient les Figures de divers âges
du monde , comme celles des quatre Saisons étoient assises sur le haut du rocher , au pied des quatre grandes faces du premier soubassement. Quatre
Tritons enflant leurs Trompes marines , portoient le Globe celeste , au dessus
duquel paroissoit un Daufin couronné , tout éclatant de lumieres , & quatre
petits Amours volans portant des Festons de branches d'olivier , & de Lys
entrelassez qui sortoient d'une touffe de Palmes , formoient une espéce de
Pavillon ,

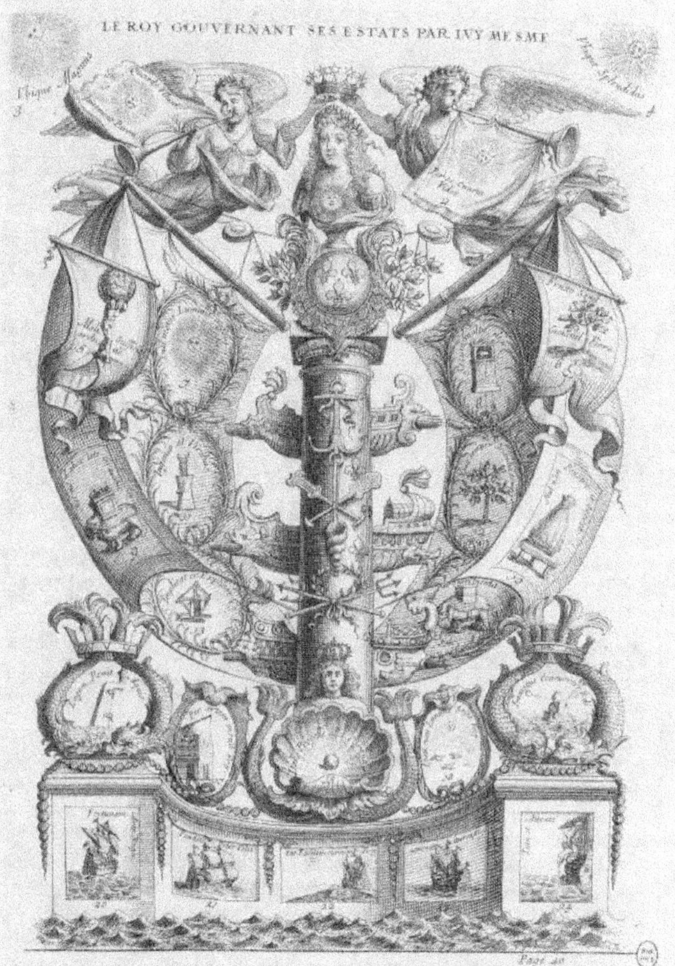

LE ROY GOUVERNANT SES ESTATS PAR LVY MESME
Page 40.

Pavillon, dont le comble étoit la Couronne Royale de France. Les seize panneaux des faces des deux Piedeſtaux étoient remplis d'Emblêmes, de Deviſes & d'Inſcriptions, dont la plus conſidérable expliquoit le ſujet de la Machine.

EN TIBI GALLIA TROPHÆA.

SAXUM INGENS

TOT BELLORUM FLUCTIBUS, TOT FORTUNÆ ICTIBUS AGITATUM

FIXUM ET IMMOBILE OPERIS FUNDAMENTUM.

ADSUNT ÆTATES OMNES, ET SINGULA ANNI TEMPORA

VERITATIS TESTIMONIUM.

TERRENIS HISCE PROSTRATIS AD SUBLIMIORA VIRTUTUM CULMINA

Aſcenditur.

GESTORUM ORNAMENTVM.

TANDEM PACE UNIVERSA, TERRA, MARIQUE REDDITA

COELO TEMPESTIVO ZEPHYRIS SPIRANTIBUS

TOTO COELITUM CHORO FESTIVO, CUNCTISQUE REBUS TRANQUILLIS

NASCITUR DELPHINUS

QUADRIGEMINO S. LUDOVICI ET BORBONIORUM DIADEMATE

Coronatus,

GLORIÆ IMMORTALIS FIRMAMENTUM.

C'eſt à dire,

Voicy les Trophées de LA FRANCE. Un grand Rocher fixe & immobile au milieu des flots de la Guerre & des agitations de la Fortune, dont il a été ſouvent battu. C'eſt la baſe & le fondement de nôtre Ouvrage, où paroiſſent tous les âges & les quatre Saiſons de l'année, fidéles témoins de la verité, qui nous apprennent que c'eſt aprés avoir ſurmonté toutes les difficultez par de belles Actions, que l'on monte, & que l'on parvient au comble de la Gloire par autant de marches, qu'il y a de Vertus à pratiquer. Enfin aprés la Paix univerſelle établie ſur la Mer & ſur la Terre, le Ciel étant ſerein, & les Zephirs nous promettant de beaux jours au milieu de la Fête de tous les Saints, toutes

M

choſes étant tranquilles, naiſt LE DAUFIN, *qui eſt l'affermiſſement de la gloire immortelle de* LA FRANCE, *& qui doit être couronné du Diadéme de* SAINT LOUIS, *& de ſa Poſterité la Royale Maiſon des* BOURBONS.

Cette Machine fut de l'invention de Dominique Barriere, Sculpteur & Architecte François.

On danſa à Poitiers un Ballet, dont le ſujet étoit, LE DAUFIN COURONNÉ SUR LA TERRE, SUR LA MER, ET DANS LE CIEL.

Au College de Paris on danſa celuy DES DESTINÉES DU DAUFIN.

La Cour de Savoye alors ſi attachée aux intérêts de la France, prit tant de part à nôtre joye, qu'outre une Fête donnée par le Duc dans la Venerie Royale, il fit chanter ſolennellement le *Te Deum* dans l'Egliſe Cathédrale de S. Jean, par pluſieurs excellens Chœurs de Muſique, & le ſoir dans la grande Place du Château on fit joüer un Feu d'artifice qui dura pluſieurs heures, & dont la Machine étoit un grand Daufin qui portoit Arion tenant ſa Lyre, pluſieurs petits Amours lioient de feſtons de Lys & de Roſes les Armoiries de France & d'Eſpagne, dont le Sang avoit également concouru à la formation du jeune Prince, & au deſſous paroiſſoit un grand Rocher ouvert comme le Palais d'Eole, d'où ſortirent les Artificiers ſous la figure des Vents, avec des Torches ardentes pour donner le feu à la Machine, & faire des évolutions & des comparſes avec leurs flambeaux allumez.

JETTONS 32. & 33.

Le Jetton qui parut le premier jour de l'année 1662. avoit le Portrait de MONSEIGNEUR LE DAUFIN, avec ce Vers d'Ovide pour Legende :

CUI PATER ÆTERNAS POST SÆCULA TRADAT HABENAS.

Et dans le revers un Daufin poiſſon couronné, avec cet autre Vers du même Poëte.

QUIQUE REGAS ORBEM CUM SENIORE SENEX.

Ce fut ſous ces heureux preſages que commença l'année 1662, & le Roy qui au milieu de la Paix penſoit à établir ſolidement le repos & la ſûreté de ſes Etats, retira des mains des Anglois la ville de Dunquerque, qui dans une

III.
MEDAILLE.

Médaille fléchit les genoux devant luy, & s'appuyant ſur un Anchre, luy preſente le Plan d'une Fortereſſe à cinq Baſtions. Si la Legende qui regne au deſſus, fait voir que c'eſt un Monument du recouvrement de cette Place, exprimé par ces mots : DUNQUERCA RECUPERATA. Les deux mots de l'Exergue font connoître que c'eſt un effet de la ſage prévoyance du Roy, d'avoir éloigné de nos Côtes une Nation, que la Providence a pris ſoin de ſeparer de nous par une longue étenduë de Mers.

PROVIDENTIA PRINCIPIS. MDCLXII.

Cette application du ROY s'étendant juſqu'aux beſoins des particuliers,

DELPHINO
OPTATO PACIS MVNERI
FELICITATIS PVBLICÆ SPEI
FELICEM HOROSCOPVM
TYPOGRAPHIA LVGDVNÉSIS

L'HOROSCOPE
DES LETTRES

Dessein du Feu de Joye
de la Communauté des
Maistres Imprimeurs de
la Ville de Lion à la Naissance de Monseigneur
le Dauphin l'an
M DC LXI.

luy fit prévenir la difette qui menaçoit la ville de Paris , faifant diftribuer du bled , & donner du pain à tous ceux qui ne pouvoient par leur travail & par leur induftrie fe procurer des fecours fi neceffaires à la vie. C'eft le fujet de la IV. Medaille , & d'un bas relief mis au pied de fa Statuë dans l'Hôtel de Ville de Paris , avec cet Eloge digne de la piété du Prince , & de la reconnoiffance de fes fujets.

IV.
MEDAILLE.

FAMES PIETATE PRINCIPIS SUBLEVATA.

Comme le ROY pourvût cette année aux preffans befoins de fes Peuples , il récompenfa auffi le merite des Seigneurs de fa Cour , en donnant les Colliers de fes Ordres à huit Prélats qu'il en fit Commandeurs , à quatre Princes , & à cinquante-fix autres Seigneurs les plus qualifiez du Royaume , dont je donne icy les Armoires , les Noms & les Qualitez , felon l'ordre qui fut obfervé en cette Promotion.

LE ROY, CHEF SOUVERAIN DE CES DEUX ORDRES, les avoir reçeus le lendemain de fon Sacre , & le même jour il l'avoit donné à

MONSIEUR , fon Frere Unique , PHILIPPE DE FRANCE, Duc d'Orleans.

LES HUIT PRELATS

Qui reçûrent cet honneur le 31. de Décembre 1661.

furent ,

CAMILLE DE NEUFVILLE Archevêque & Comte de Lyon , Primat des Gaules, Lieutenant pour le Roy au Gouvernement de Lyonnois, Foreft & Beaujolois.

FRANÇOIS ADHEMAR DE MONTEIL DE GRIGNAN , Archevêque d'Arles.

GEORGE D'AUBUSSON DE LA FEUILLADE , alors Archevêque d'Embrun , & depuis Evêque de Mets, & Prince du S. Empire.

FRANÇOIS DE HARLAY DE CHANVALON , alors Archevêque de Roüen , Primat de Normandie , Comte de Dieppe & de Louviers , depuis Archevêque de Paris, Duc & Pair de France , Provifeur de la Maifon de Sorbonne, &c.

LEONOR DE MATIGNON , Evêque & Comte de Lifieux.

GASPAR DE DAILLON DU LUDE , Evêque & Seigneur d'Alby.

HENRY DE LA MOTHE HOUDANCOURT , Evêque de Rennes , Grand Aumônier de la Reine Mere Anne d'Auftriche , depuis Archevêque d'Auch.

PHILIBERT EMANUEL DE BEAUMANOIR DE LAVARDIN , Evêque du Mans.

PRINCES

Créez Chevaliers le premier de Janvier 1662.

LOUIS DE BOURBON II. du Nom, PRINCE DE CONDE'.

ARMAND DE BOURBON PRINCE DE CONTY, Gouverneur de Languedoc.

HENRY JULES DE BOURBON DUC D'ENGUIEN, Grand Maître de France, à présent PRINCE DE CONDE'.

HENRY legitimé DE FRANCE DUC DE VERNEUIL, Pair de France, Fils naturel de Henry le Grand.

LOUIS DUC DE VENDOSME, Gouverneur de Provence, depuis Cardinal.

CHEVALIERS.

FRANÇOIS DE CRUSSOL *Duc d'Usez*, Pair de France, Prince de Soyons, Comte de Crussol & d'Apcher, Baron de Levy & de Florensac, Seigneur d'Assier.

LOUIS CHARLES D'ALBERT *Duc de Luynes*, Pair de France.

CHARLES D'ALBERT, dit D'AILLY, *Duc de Chaulnes*, Pair de France, plusieurs fois Ambassadeur à Rome, & depuis Gouverneur de Bretagne.

FRANÇOIS IV. du nom, *Duc de la Rochefoucault*, Pair de France, Prince de Marsillac, Baron de Vertueil, Gouverneur de Poitou.

HENRY DE GONDY *Duc de Retz*, Pair de France, Comte de Joigny.

ANTOINE DE GRAMMONT *Souverain de Bidache*, Maréchal de France, Colonel des Gardes Françoises, depuis Duc & Pair en 1663. Gouverneur de Bearn & basse Navarre.

CESAR DE CHOISEUL DU PLESSIS PRASLIN, Maréchal de France, depuis Duc & Pair, Gouverneur de MONSIEUR, Frere unique du ROY, & du Païs de Toul.

NICOLAS DE NEUFVILLE *Marquis de Villeroy*, Gouverneur de Lyonnois, Forets & Beaujolois, Maréchal de France, depuis Duc & Pair, & Gouverneur du Roy après le Maréchal de Bassompierre.

CHARLES DE CREQUY Premier Gentilhomme de la Chambre du Roy, Prince de Poix, depuis Duc & Pair, Gouverneur de Paris, Ambassadeur à Rome & en Angleterre.

JACQUES D'ESTAMPES, *Seigneur de la Ferté Imbault*, Marquis de Mauny, Maréchal de France, Colonel General des Escossois, Lieutenant General de l'Orleanois.

HENRY DE SENETERRE *Marquis de la Ferté*, Maréchal de France, depuis Duc & Pair, Gouverneur de Lorraine, & Lieutenant General aux Trois-Evêchez de Mets & Païs Messin, Toul & Verdun, des Ville & Citadelle de Nancy.

PHILIPPES DE MONTAUT DE NAVAILLES, Gouverneur des Ville & Citadelle du Havre, Capitaine Lieutenant des Chevaux legers, depuis Maréchal de France, avec le Titre de Duc.

JACQUES ROUXEL *Comte de Grancey & de Medavy*, depuis Maréchal de France.

GASTON

GASTON JEAN BAPTISTE DE ROQUELAURE, Marquis de Biran, Comte de Gaure, eut depuis le Titre de Duc, & fut Gouverneur de Guienne.

PHILIPPE MANCINI MAZARINI, Capitaine Lieutenant de la premiere Compagnie des Mousquetaires du Roy, depuis Duc de Nevers.

JULES CESARINI, Baron Romain, Duc de Citta Nova.

FRANÇOIS DE BEAUVILLIERS *Comte de S. Aignan*, Premier Gentilhomme de la chambre du Roy, Gouverneur de Touraine & du Havre de Grace, depuis Duc & Pair.

HENRY DE DAILLON, *Comte du Lude*, Marquis d'Illiers, Premier Gentilhomme de la chambre du Roy, depuis Duc & Pair, & Grand Maître de l'Artillerie.

LOUIS DE BETHUNE, *Comte de Charost*, Capitaine des Gardes du Corps, Gouverneur de la Ville & Citadele de Calais, depuis Duc & Pair.

ANNE COMTE DE NOAILLES *& d'Ayen*, Marquis de Montclar, depuis Duc & Pair, Premier Capitaine des Gardes du Corps, Gouverneur de Roussillon, Ville & Citadelle de Perpignan, Lieutenant General en Auvergne.

FRANÇOIS DE COMENGES, *Comte de Guitaut*, Capitaine des Gardes de la Reine Mere du Roy, Gouverneur de la Ville, Château & Païs de Saumur.

FRANÇOIS COMTE DE CLERMONT *& de Tonnerre*, Premier Baron, Grand Maître & Connetable héréditaire de Daufiné.

ALEXANDRE GUILLAUME DE MELUN, *Prince d'Epinoy*, Marquis de Roubais Vicomte de Gand, Connétable héréditaire de Flandres, Sénéchal de Hainaut, Prevôt & Châtelain de Bapaume.

CESAR PHEBUS D'ALBRET, *Souverain de Bedeilles*, Sire de Pons, Prince de Mortagne, Comte de Miossens, depuis Maréchal de France, & Gouverneur de Guienne.

FRANÇOIS RENE' DU BEC, *Marquis de Vardes*, Comte de Moret, Capitaine des Cent-Suisses de la Garde ordinaire du Roy.

CHARLES MAXIMILIEN DE BELLEFOURIERE, *Marquis de Soyecourt*, Grand Maître de la Garderobe du Roy, depuis Grand Veneur de France.

FRANÇOIS DE PAULE DE CLERMONT, *Marquis de Monglat*, Comte de Chiverny, Grand Maître de la Garderobe du Roy.

PHILIPPE DE CLEREMBAUD, *Comte de Paluau*, depuis Maréchal de France, Gouverneur & Bailly de Berry.

JEAN DE SCHULEMBERG, *Comte de Mondejeux*, Gouverneur d'Arras, & Grand Bailli d'Artois, depuis Marechal de France.

GASTON JEAN BAPTISTE COMTE DE COMENGES, Capitaine des Gardes du Corps de la Reine Mere.

FRANÇOIS DE SIMIANE, *Marquis de Gordes*, Comte de Carces, Baron de Casenove, Grand Sénéchal de Provence, Chevalier d'honneur de la Reine Mere.

HENRY COMTE DE BERINGHEN, *Seigneur d'Armainvilliers*, Premier Ecuyer de Sa Majesté, Gouverneur de la Citadelle de Marseille.

JEAN DU BOUCHET, *Comte de Sourches*, Grand Prevôt de France, & Prevôt de l'Hôtel du Roy.

CHARLES COMTE DE FROULAY, Grand Maréchal des Logis de Sa Majesté.

JACQUES FRANÇOIS MARQUIS DE HAUTEFORT, Comte de Montignac & de Beaufort, Vicomte de Segur, &c. Premier Ecuyer de la Reine.

FRANÇOIS DE MATIGNON, *Comte de Torigny & de Gassé*, Lieutenant Général en basse Normandie.

CHARLES DE SAINTE MAURE, *Marquis de Montausier*, Gouverneur de Xaintonge & Angoumois, depuis Duc & Pair, Gouverneur de Normandie, & de la Personne de Monseigneur le Daufin.

FRANÇOIS D'ESPINAY, *Marquis de S. Luc*, Comte d'Estelan, seul Lieutenant Général en Guienne.

HIPPOLITE COMTE DE BETHUNE *& de Selles*, Chevalier d'honneur de la Reine.

FERDINAND DE LA BAUME, *Comte de Montrevel*, Marquis de S. Martin & de Savigny, Lieutenant Général es Païs de Bresse, Bugey, Valromey & Gex.

LOUIS ARMAND VICOMTE DE POLIGNAC, Marquis de Chalançon, Gouverneur de la Ville du Puy en Velay.

ANTOINE DE BROUILLY, *Marquis de Pienes*, Gouverneur de la Ville & Citadelle de Pignerol.

JEAN MARQUIS DE POMPADOUR, *Vicomte de Rochechoüart*, Baron de Treignac, de S. Cyr & de Lauriere, Lieutenant Général du Limousin.

LOUIS DE CARDAILLAC & DE LEVIS, *Comte de Bioule*, Lieutenant Général en Languedoc.

SCIPION GRIMOARD DE BEAUVOIR, *Comte du Roure*, Lieutenant Général en Languedoc, Gouverneur des Ville & Citadelle du Pont du S. Esprit.

FRANÇOIS DE MONTIERS, *Comte de Merinville & de Rieux*, Lieutenant Général en Provence.

HENRY DE BAYLENS, *Marquis de Poyane*, Sénéchal des Landes de Bourdeaux, Gouverneur de Navarins & de Dax, Lieutenant Général en Bearn.

LEON DE SAINTE MAURE, *Comte de Jonzac*, Marquis d'Ozillac, Lieutenant Général en Xaintonge & Angoumois, Gouverneur de Cognac.

JACQUES D'ESTHUER, *Comte de la Vauguion*, Marquis de S. Maigrin, Baron de Tonnins, Grand Sénéchal de Guienne.

CHARLES FRANÇOIS DE JOYEUSE, *Comte de Grandpré*, Gouverneur de Mouzon.

TIMOLEON COMTE DE COSSE' *& de Châteaugiron*, Grand Panetier de France, Gouverneur des Ville & Citadelle de Mezieres.

CHARLES MARTEL, *Comte de Clere*, Capitaine des Gardes de Monsieur, Frere Unique du Roy.

JEAN PAUL DE GOURDON DE GENOUILLAC, *Comte de Vaillac*, Premier Ecuyer de Monsieur, Frere Unique du Roy.

NICOLAS JOACHIM ROUHAULT, *Marquis de Gamaches*, Seigneur Chastelain & Gouverneur de S. Valery & Roc de Caieux.

GODEFROY COMTE D'ESTRADES, Maire perpetuel de Bourdeaux, depuis Maréchal de France, Gouverneur de Dunquerque, Ambassadeur en Angleterre.

RENE' GASPARD DE LA CROIX, *Marquis de Casfries*, Baron de Gourdiegues, Gouverneur de la Ville & Citadelle de Montpellier, Lieutenant General en Languedoc

PROMOTION DES PRINCES A LA CHEVALLERIE DE LORDRE DV S. ESPRIT

PRELATS ASSOCIES A L'ORDRE
OFFICIERS DE L'ORDRE

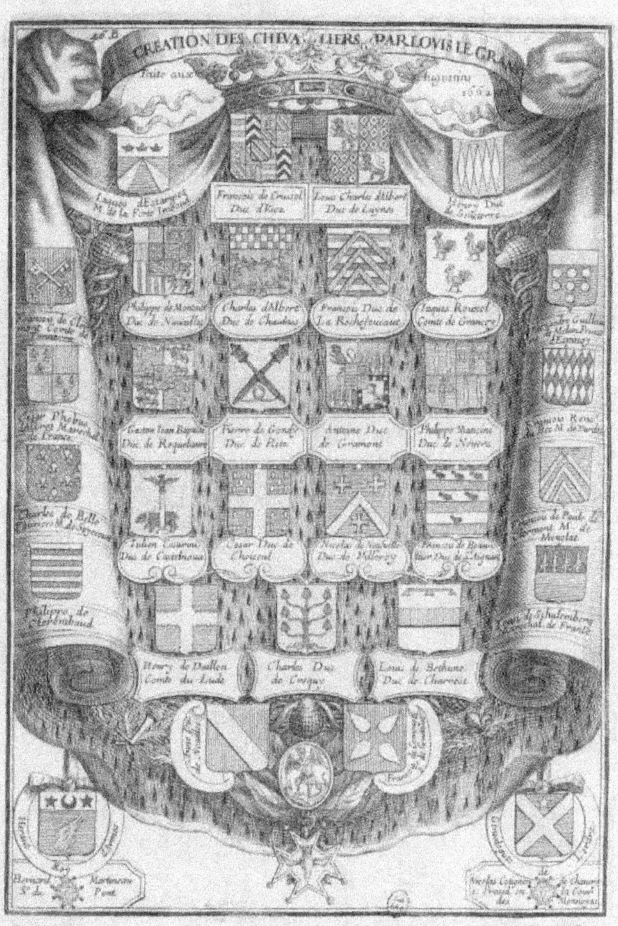
CREATION DES CHEVALIERS PAR LOVIS LE GRAND
Jacques d'Estampes M. de la Ferté Imbault
François de Crussol Duc d'Vzés
Louis Charles d'Albert Duc de Luynes
Henry Duc de Luxembourg
Philippe de Montaut Duc de Nauailles
Charles d'Albert Duc de Chaulnes
François Duc de La Rochefoucault
Jacques Rouxel Comte de Grancey
Gaston Iean Baptiste Duc de Roquelaure
Pierre de Gondy Duc de Retz
Antoine Duc de Gramont
Philippe Mancini Duc de Neuers
Iulien Casaroü Duc de Crussol
Cesar Duc de Choiseul
Nicolas de Neuville Duc de Villeroy
François de Bonne Marc Duc de Lesdiguières
Henry de Daillon Comte du Lude
Charles Duc de l'esguy
Louis de Bethune Duc de Charost
Bernard Marinean St L. Fecit
Nicolas Langlois

GUILLAUME DE PECHPEIROU DE COMENGES, *Comte de Guitaud*, Capitaine des Chevaux-legers, & Chambellan du Prince de Condé.

L'Ordre fut envoyé à Mr. l'Archevêque d'Ambrun, qui étoit Ambassadeur en Espagne.

Le Duc CESARINI le reçût à Rome.

Et Monsieur le PRINCE DE CONTY à Pezenas en Languedoc, avec l'Evêque d'Alby, le Marquis de POLIGNAC, le Comte de MERINVILLE, & le Marquis de CASTRIES, des mains de Monsieur le Duc d'ARPAION, assisté des Comtes de BIOULE & du ROURE, qui en firent la cérémonie dans l'Eglise de Nôtre Dame de Pezenas au mois de Mars.

FRANÇOIS DE VENDOSME *Duc de Beaufort*, Grand Maître, Chef & Sur-intendant Général de la Navigation & Commerce de France, à qui le ROY avoit donné la Croix de l'Ordre avant la Promotion, parce qu'il devoit aller sur Mer, reçût le Collier des mains de Sa Majesté le jour de l'Assomption 1663. dans la Chapelle de S. Germain en Laye.

La grande Cérémonie se fit dans l'Eglise des Augustins de Paris, où Henry III. en avoit fait la premiere Institution le 31. de Décembre 1578.

CHRESTIEN LOUIS DUC DE MIKELBOURG, reçût le Collier dans la Chapelle du Louvre à Paris le 4. de Novembre 1663.

LE ROY, aprés avoir ainsi recompensé la vertu & le mérite par ces marques d'honneur, pour conserver celuy qui est dû à ses Ambassadeurs, obligea l'Espagne à reparer l'insulte que le Baron de Vatteville avoit faite à Monsieur le Comte d'Estrades dans la ville de Londres. Le Marquis de la Fuente en fit au nom du ROY son Maître, une satisfaction publique en presence de tous les Ambassadeurs, Envoyez & Residens des Couronnes & des Républiques de toute l'Europe. C'est cette satisfaction qui est representée dans une Médaille de 1662. où la Legende explique le droit qu'ont les Ambassadeurs de SA MAJESTE', de précéder ceux du Roy d'Espagne. JUS PRÆCEDENDI GALLO ASSERTUM. Et dans l'Exergue : HISPANORUM EXCUSATIO CORAM XXX. LEGATIS MDCLXII. *Satisfaction des Espagnols en presence de trente Ambassadeurs ou Envoyez 1663.*

C'est ce droit de preseance que soûtint si généreusement à Venise l'an 1669. Monsieur le Marquis de S. André lors Ambassadeur auprés de la Serenissime République, & depuis Premier President du Parlement de Daufiné, & Commandant dans la Province pour le service du Roy.

Ce Seigneur ayant été prié par les Peres Jesuites, de leur faire l'honneur d'assister à la Fête de S. François Xavier dans leur Eglise, s'y rendit en grand cortege pour la Messe solennelle, & y ayant trouvé l'Ambassadeur d'Espagne, il prit sa place au dessus de cet Ambassadeur en presence du Nonce de Sa Sainteté, & de plusieurs Princes Etrangers surpris de la tranquillité de l'Ambassadeur d'Espagne, qui s'appercevant de l'étonnement que causoit à tant de Spectateurs cet aveu si public de la preseance dûe à nos Ambassadeurs, quitta enfin la partie au milieu de la Messe, & se retira.

Le soin des Finances si nécessaires à la conservation des Etats, & au succés des affaires, n'occupa gueres moins le Roy au milieu des douceurs de

VI.
MEDAILLE.

la Paix, qui commençoit à faire respirer ses Peuples, qu'une longue Guerre avoit comme épuisez par les dépenses extraordinaires qu'il étoit comme obligé de soûtenir pour l'entretien de ses Armées. Il fit examiner ses revenus, s'en fit donner un état fidéle, en commit la direction à un Ministre actif & vigilant, s'appliqua lui-même à les connoître exactement; & pour en corriger les malversations, il établit une Chambre de Justice, composée des plus habiles Magistrats du Royaume. Nous avons quelques Médailles & quelques Jettons sur cette reformation des Finances.

La Médaille represente la Justice assise, foulant aux pieds des monstres, & tenant d'une main son Epée, & de l'autre sa Balance, avec ces deux mots : EXAMINANDO SÆCULO. *Pour examiner le Siécle.* Le revers est un grand Creuset en forme de Brasier allumé, plein de piéces d'or :

AURUM OMNE PROBABIT.

Il éprouvera l'Or.

Cette medaille fut faite pour la Chambre de Justice établie par le Roy pour examiner les malversations qui s'étoient faites dans les finances. La Justice tient la balance pour EXAMINER LE SIECLE, se sert l'Epée pour chasser les harpyes qui sont sous ses pieds. Le feu qui sert à l'épreuve de l'or, est icy le symbole de la Justice qui met à l'épreuve les officiers des finances.

Dans un Jetton la Justice chasse des Harpyes, avec ces mots :

JETTON 36.
           HARPYAS PELLERE REGNO.

Dans un autre, Hercule abbat les têtes d'une Hidre :

JETTON 37.
           MORSUS HORRESCE FUTUROS.

Pour l'empêcher de mordre à l'avenir.

JETTON 38.
Dans un autre, la Justice tient une Table, sur laquelle elle semble vouloir écrire : SÆCULIS DOCTRINA FUTURIS. *Avis pour l'avenir.* Et dans l'Exergue est le nom de la Chambre de Justice : *Suprema Repetundarum Curia*, avec la date de 1666, parce que cette Chambre dura plusieurs années, & fit tous les ans des Jettons.

L'Insulte faite dans Rome, par les Corses de la garde de Sa Sainteté, à Monsieur le Duc de Crequi, Ambassadeur du ROY, excita des troubles entre la France & la Cour de Rome.

Aprés

Aprés plusieurs Negociations, le Roy s'en fit faire toutes les réparations publiques. Les Corses furent déclarez incapables de jamais servir dans la garde du Pape. Le Cardinal Impériale fut déposé du Gouvernement de Rome. Une Pyramide élevée au lieu où s'étoit fait l'insulte, & le Cardinal Flavio Chigi vint en France au nom de toute sa Maison, faire des excuses au Roy. C'est le sujet de trois Médailles & d'un Jetton.

En une des Médailles le Cardinal assis dans un Fauteüil, lit au Roy l'excuse de sa Maison, selon la forme arrêtée dans les Négociations de Monsei-gneur Rasponi. C'est ce que la Legende explique :   **XIII.**
Medaille.

CORSICUM FACINUS EXCUSATUM LEGATO A LATERE MISSO
MDCLXIV.

Dans une autre Médaille, une Minerve armée & assise, regarde la Py-ramide élevée : OB NEFARIUM SCELUS A CORSIS EDITUM IN ORATOREM REGIS FRANCORUM, *Pour le Crime atroce commis par les Corses contre l'Ambassadeur du Roy de France.*   **XIV.**
Medaille.

Enfin la derniere est un Monument de la Clemence du Roy, & de sa Piété envers le Pape Clement IX. en faveur de qui il commanda que la Pyramyde fût abatuë, & ce Monument odieux du Droit des gens violé en la Personne de son Ambassadeur, ôté du lieu où il étoit. On voit dans cette Médaille la Piété devant un Autel, foulant aux pieds les debris de cette Pyramide, sur laquelle est écrit : IN EXECRATIONEM DAMNATI FACINORIS A MILITIBUS CORSIS PATRATI CONTRA ORATOREM REGIS CHRISTIANISSIMI XII KAL. SEPTEMBRIS MDCLXII. Autour du Cercle est cette Legende : VIOLATÆ MAJESTATIS MONUMENTUM ABOLITUM. Et dans l'Exergue :   **XXIII.**
Medaille.

PIETAS OPTIMI PRINCIPIS ERGA CLEMENTEM IX.
MDCLXVII.

L'Entrée du Légat dans Paris, est representée dans un Jetton.   **JETTON**
35.

Le Roy qui durant la Paix ne pouvoit trouver de véritable plaisir que dans les Exercices Militaires, fit briller sa magnificence, aussi-bien que son adresse en un superbe Carrousel composé de cinq quadrilles, où il fut Chef de celle des Romains. MONSIEUR, de celle des Perses. Le Prince de Condé, de celle des Turcs. Le Duc d'Enguien, de celle des Indiens ; & le Duc de Guise, de celle des Sauvages. L'Amphitheatre où se firent ces Jeux Militaires le 5. & 6. de Juin, étoit aux Tuilleries, d'une structure parfaitement belle. L'Inscription de la Barriere étoit celle-cy.

VICTRICIBUS ARMIS
LODOICI
FRANCORUM IMPERATORIS.

LUDOVICUS XIV. FELICITATI NATIONUM DATUS

REGUM DECUS, HUMANÆ GENTIS DELICIÆ,

HOSTIUM TERROR, SUORUM DESIDERIUM

OMNIUM ADMIRATIO,

ANNORUM VIGESIMO-TERTIO, VICTORIARUM NUMERO MULTO MAJORE

ADVERSARIIS MARI, TERRAQUE DEVICTIS

LATE PROLATIS FINIBUS, FIRMATIS UBIQUE TERRARUM SOCIIS

PACE SUIS LEGIBUS ORBI SANCITA

NE QUID CESSARET HEROICA VIRTUS

PALÆSTRICAM VICTORIAM NON DEDIGNATUR.

C'est à dire,

AUX ARMES VICTORIEUSES DE LOUIS,
EMPEREUR DES FRANÇOIS.

LOUIS XIV. donné au monde pour la Félicité publique des Nations.
L'honneur des Rois, les Délices du genre humain, la Terreur des Ennemis,
l'Amour & le Desir de ses Sujets, & l'Admiration de tout le monde, n'ayant
encore que vingt-trois ans, & le nombre de ses Victoires passant de beaucoup
celuy de ses années, aprés avoir triomphé de ses Ennemis & sur Mer & sur
Terre, étendu les limites de ses Etats, protegé ses Alliez, & donné la Paix
au Monde aux conditions qu'il a voulu, ne dédaigne pas de se divertir à des
Exercices Militaires, & d'en disputer le Prix, pour ne pas laisser oisive son
Adresse & sa Valeur.

La Description de ce magnifique Carrousel fut imprimée au Louvre, avec
les Figures des Chefs des Quadrilles, des Tenans, des Maréchaux de Camp,

des Trompettes, des Timbaliers, des Chevaux de main, des Pages, des Valets de pied, & autres Officiers servans à cette Pompe. Israël Silvestre Dessinateur & Graveur du Roy, grava aussi en onze Planches les Barrieres, les Comparses, & les Courses.

L'Alliance des Suisses fut renouvellée dans l'Eglise de Nôtre-Dame de Paris en 1663. Elle est representée dans une Medaille, où le Roy tenant par la main Monseigneur le Daufin, jure cette Alliance sur un Autel pour luy & pour ce jeune Prince. Aussi la Legende dit : Nulla dies sub Me, Natoque hæc foedera rumpet. Et dans l'Exergue :

FOEDERE HELVETICO INSTAURATO. MDCLXIII.

Le Roy alla au Parlement tenir un Lit de Justice, pour donner la Dignité de Ducs & Pairs à Monsieur de Verneüil fils naturel du Roy Henry IV. & à Messieurs d'Estrées, de Grammont, de la Meilleraye, de Mazarin, de Villeroy, de Mortemar, de Crequy, de S. Aignan, de Foix, de Liancourt, de Tremes, de Noailles, & de Coaslin. Il reforma en même temps l'ancien Ordre de S. Michel, qui avoit été avili par le grand nombre de personnes à qui il avoit été conferé sans aucun merite, & sans avoir rendu aucun service à l'Etat. Le Sceau de cette Reformation a ces mots tout autour :

LUDOVICUS XI. FRANCIÆ REX ORDINEM INSTITUIT 1464.

LUDOVICUS XIIII. D. G. FRANCIÆ ET NAVARRÆ REX, ORDINIS RESTAURATOR. 1664.

Comme rien ne contribuë plus à la grandeur d'un Etat, que l'établissement du Commerce avec les Nations Etrangeres, pour attirer de toutes parts l'abondance de toutes choses, on proposa au Roy le dessein de former une Compagnie pour le Commerce des Indes Orientales, dont l'Espagne, l'Angleterre, le Portugal & la Hollande ont tiré de si grands secours & de si amples richesses depuis un ou deux siecles. Les Articles en furent presentez à Fontainebleau à Sa Majesté, qui offrit genereusement sa protection à cette nouvelle Compagnie, luy accorda plusieurs Privileges, & luy donna pour Sceau de ses expéditions un Globe d'azur rempli d'une Fleur-de-lis d'or au milieu de deux Cornes d'abondance pleines de fruits, d'où sortoient deux Branches d'olivier liées en Couronne par le haut sous une autre Fleur-de-lis, avec ces mots : FLOREBO QUOCUMQUE FERAR. On ajoûta au grand Sceau les figures de la Paix & de l'Abondance pour supports.

On choisit l'Isle de Madagascar pour le principal établissement ; & comme elle avoit déja servi peu de temps aprés la Naissance du Roy au premier établissement d'une Compagnie de quelques particuliers, qui avoient donné le nom de Fort Dauphin au premier poste qu'ils avoient occupé, on voulut que toute l'Isle fût d'orénavant nommée l'Isle Daufine. Et l'on a fait une Medaille pour conserver le souvenir de la premiere Colonie qu'on y envoya sous l'autorité

V.
MEDAILLE

XVI.   du Roy. Le Type de cette Médaille est un Bœuf passant contre un Arbre ;
MEDAILLE. avec ces mots :

COLONIA MADAGASCARICA.

Le ROY choisit pour son grand Sceau, qui devoit servir au Conseil souverain de l'Isle, sa Figure assise sur un Trône avec le Manteau Royal, la Couronne sur la tête, le Sceptre en une main, & la main de Justice en l'autre, avec ces paroles gravées en abregé :

LUDOVICI XIV. FRANCIÆ ET NAVARRÆ REGIS SIGILLUM, AD USUM SUPREMI CONSILII GALLIÆ ORIENTALIS.

Et depuis en 1670. on fit des Monnoyes d'argent à la forme des pieces de Quinze-sols & de Cinq-sols, ausquelles au lieu de la Legende ordinaire : SIT NOMEN DOMINI BENEDICTUM, on mit celle-cy du Pseaume 144. GLORIAM REGNI TUI DICENT, comme on mit sur les Canons qui devoient servir pour la Navigation, ces mots :

JOVEMQUE NOVO TESTABIMUR ORBI.

Le 28. d'Avril 1665. Dom A. Thuret Prieur de l'Abbaye de Homblieres en Picardie, presenta au ROY une Généalogie des Rois de France, & de tous les Princes & Princesses qui en sont sortis en ligne masculine depuis l'origine de la Monarchie. La disposition de cette Généalogie est agréable, & imprime d'abord une haute idée de la Maison Royale, la plus ancienne de toutes les Maisons Souveraines, qui a donné des Empereurs à l'Orient & à l'Occident, des Rois à l'Italie, à Naples, à la Sicile, à l'Arragon, au Portugal, à la Navarre, à Jerusalem, à la Hongrie, à la Dalmatie, & à la Pologne.

C'est sous ce Régne que nôtre Histoire, par les soins de Messieurs Du Puy, Du Chesne, De Marca, Du Bosquet, Dominicy, De Sainte-Marthe, Valois, Le Févre-Chantereau, Le Baron d'Autueil, & quelques autres, a commencé à prendre une nouvelle forme, & à démêler ces profondes ténébres dans lesquelles elle étoit comme ensevelie. Messieurs de Mezeray & de Cordemoy luy ont donné une nouvelle face. Monsieur du Bouchet a recherché l'origine de la Maison Royale, & a heureusement réüni la Branche des Caperiens à celle des Carlovingiens. Le P. Anselme a repassé sur l'Histoire généalogique de Messieurs de Sainte-Marthe, dont il a fait comme un abregé avec les additions des nouveaux degrez, & des Grands Officiers de la Couronne qui ont servi sous ce Régne, & sous les Régnes précédens.

Le P. Bertaut de l'Oratoire qui avoit fait paroître à la Naissance du ROY un *Florus Francicus*, qui est un abregé de nôtre Histoire en langue latine, le donna plus ample deux ans aprés, & promettoit un Poëme Epique sur les Actions de la vie du feu Roy, & une Histoire aussi étenduë que l'Histoire Romaine de Tite-Live ; ce qui luy fit adresser ces quatre Vers au Cardinal de Richelieu.

RICHELÆ

Sçeau de la Reformation de l'Ordre de S. Michel

Contrescel

Petit Sçeau du Commerce des Indes Orientales

Richelæe sacri decus Senatus

Florum do geminum, dedi Casallum.

Si das Historicum esse, vel Poëtam.

Francorum dabo Livium aut Maronem.

C'est ce que le P. De Bussieres a éxécuté en quatre petits Volumes latins. Le P. Adrien Jourdan a travaillé sur la même Histoire en nôtre langue, dont il a donné trois volumes. Mais Monsieur Varillas & Monsieur l'Abbé de Choisi ont fait les Histoires de quelques Régnes particuliers avec beaucoup de délicatesse.

La Chronologie & la Géographie qui sont les yeux de l'Histoire, ont reçû de nouveaux accroissemens par les soins du P. Labbe, de Dom Pierre de S. Romuald, de Dom Peseron, du P. Briet, du P. Pagi, de Messieurs Samson, Du Val, l'Abbé Baudran & Moreri. Comme les Ouvrages de Monsieur de Marca Archevêque de Tolose, nommé à l'Archevêché de Paris, de Messire Benigne Bossuet Evêque de Meaux, Precepteur de Monseigneur le Daufin, de Monsieur Huet Sous-precepteur, & depuis Evêque d'Avranches, de Messieurs Bochart, du Cange, Baluze, la Mothe le Vayer, & des Peres d'Achery & Mabillon ont acquis une gloire immortelle à la France parmi les gens de Lettres.

Les Mathématiques & la Physique ont part à cette gloire, & tandis que l'on lira les Ouvrages de Messieurs Bulliaud, Morin, La Chambre, Cassini, Roüaut, Huguens, Regis, la Hire, Mariote, Roberval, Picard, Bernier, Petit, Ozanam, Malet, &c. & des Peres Pardiez, de Challes & de Billy, on dira que ce Régne n'aura pas moins été le Régne des Sciences, que celuy des Victoires & des grands Evenemens.

C'est sous l'auguste Nom du Roy que la Morale de Confutius, le grand Legislateur des Chinois, a été exposée aux yeux de toute l'Europe. Les Sçavans de Suéde, de Dannemark, de Hollande, & d'Italie ont consacré leurs Ouvrages à la gloire de Louis le Grand pour les rendre immortels.

Nos Villes & nos Provinces ont eu leurs Historiens sous ce Régne. Pierre Andoque a donné celle du Languedoc ; Armand Maichin celle de Xaintonge, Poitou, Aunix & Angoumois ; Nicolas Chorier celle de Daufiné ; Honoré Bouche celle de Provence, qui sera bien-tôt suivie de celle de Monsieur Ruffi. Samuel Guichenon a publié celle de Bresse & de Bugey ; Gaspard Thaumas de la Thaumassiere celle de Berry. Monsieur Petrineau de Noulis prepare celle d'Anjou, dont il a publié le projet ; Monsieur Carreau celle de Touraine, l'on nous promet celles de Normandie, de Bretagne, d'Auvergne, de Picardie & de Bourgogne, dont on a déja donné des parcelles. Nous avons celles des villes de Lyon, de Roüen, de Toulouse, d'Aix, de Marseille, de Montauban, de Carcassonne, d'Autun, de Langres, de Châlon, & les Antiquitez de Nismes, d'Arles, de Lyon, & de plusieurs autres Villes.

C'est aussi sous ce Régne qu'ont paru le Cérémonial François de Theodore, & Denis Godefroy, l'Histoire Ecclésiastique de la Cour, ou les Antiquitez & recherches de la Chapelle & Oratoire de nos Rois de Guillaume du Peyrat, le *Gallia Christiana*, & la derniere Edition de l'Histoire Généalogique de la Maison de France de Messieurs de Sainte Marthe, l'Histoire de l'Université de Paris en plusieurs volumes par Cesar Egasse du Boulay, l'Histoire Ecclésiastique de France par le P. le Cointe, les Recherches des Monnoyes de France par Bouteroüe & le Blanc. Le Traité de la Cour des Monnoyes, & de l'Etenduë de sa Jurisdiction par Germain Constans, & plusieurs autres Traitez aussi curieux & aussi recherchez des Parlemens, des Tresoriers de France, des Secretaires du Roy, de la Chancellerie, des Mémoires du Clergé.

La Science du Blason, les Généalogies, & divers Traitez de la Noblesse ont aussi reçû leur perfection sous ce Régne, par Messieurs d'Hozier Pere & Fils, Messieurs Justel, de la Roque, le Laboureur, Vulson la Colombiere, Duchesne le fils, de Brianville, &c.

La curiosité des Médailles que feu MONSIEUR, Duc d'Orleans avoit introduite à la Cour, & que Monsieur le Duc de Verneüil avoit de beaucoup augmentée, a reçû son dernier achevement depuis que le ROY a formé son Cabinet de celles de ces deux Princes, & a envoyé chercher dans les Païs étrangers de quoy parfaire les belles suites qu'il a de Médaillons & de Médailles en tous métaux, aussi bien que d'Agathes & d'autres pierres gravées. Messieurs Seguin, Vaillant, Bizot, Patin, Toinard, Nicaise, Spon, Morel, &c. ont beaucoup enrichi la connoissance de ces anciens Monumens par leurs sçavans Ouvrages sur cette matiere, aussi-bien que Monsieur l'Abbé de Camps, nommé à l'Evêché de Pamiers, le P. Hardoüin, & le P. Jobert.

Les Voyages de nos François sous ce Régne, & les Relations de plusieurs Païs étrangers ont de quoy satisfaire la curiosité la plus étenduë, par les découvertes d'une infinité de choses rares, singuliéres, & dignes d'être connuës.

CXXXIV.
MÉDAILLE.
Les Arts ne se sont pas moins perfectionnez que les Sciences, sous le Régne d'un Prince, qui a du goût & de la pénétration pour toutes les belles choses, & qui les sçait estimer, comme il en fait un juste discernement.

Messieurs le Brun & Mignard successivement premiers Peintres du Roy, Directeurs de l'Académie de Peinture, Sculpture, &c. & des Ouvrages des Gobelins, ont rempli Versailles, S. Cloud, plusieurs Palais & plusieurs Eglises de peintures qui ne cedent point aux plus fameux Ouvrages de delà les Monts; & François Vander-Meulen de Bruxelles, a representé en plusieurs Tableaux la plûpart des Conquêtes du ROY avec tant de feu, de grace, & de vérité, que l'on est surpris de leur agréable varieté jusques dans les Estampes, qui font admirer l'esprit, la diligence & l'habileté de ce Peintre dans tous les lieux où elles sont portées.

Messieurs Girardon, Tuby, Desjardins, Coysevoz, & quelques autres Sculpteurs n'ont pas moins contribué à la gloire de LOUIS LE GRAND, par les Statues qu'ils ont fait de ce Monarque, & qu'ils font encore tous les jours, pour être à la postérité des Monumens éternels de sa Grandeur, & de la magnificence de son Régne.

Les Médailles qui font le plus bel ornement de cette Histoire, font les Ouvrages de Messieurs Varin, Bertinet, Rotier, Cheron, Mauger, Clerion, Bernard, Hardy, Roussel, Hemeran, La Haye, Ferme, Loir, Hupierre, Breton, Molard, Hory, Revoire, &c. comme Messieurs Melan, Rousseler, Chauveau, Edelinck, Audran, Silvestre, Le Clerc, Poilly, Simonneau, Chastillon, Nolin, Le Pautre, Ertinger, Bonnart, Vanschuppen, & quelques autres ont éternisé leurs noms en les gravant sous les Ouvrages qu'ils ont fait pour le ROY.

Le Journal des Sçavans que Monsieur de Salo Conseiller au Parlement, entreprit pour la gloire des Lettres l'an 1665, & qui fut commencé par Monsieur l'Abbé Galois sous le nom de Curé de Hedouville, a excité toutes les Nations qui ont quelque goût pour les Lettres, d'en faire sous divers Titres, de *Giornale de Letterati*, *Diarium Eruditorum*, *Biblioteca volante*, *Republique des Lettres*, *Bibliotheque Universelle*, &c. & les Nouveaux Mémoires de Mathematique & de Physique tirez des Registres de l'Académie Royale des Sciences, qu'on imprime dans l'Imprimerie Royale, pour les distribuer chaque mois, vont porter bien loin la réputation de la France pour les Lettres, & la gloire qu'elles reçoivent de la protection du plus grand & du plus sage des Rois, dont le Régne est le Régne des Sciences & des Arts, selon l'idée d'une Estampe de Monsieur Mariette le Fils.

REGNUM LUDOVICI MAGNI SCIENTIARUM, ET ARTIUM REGNUM.

Les superbes Bâtimens de Versailles, de Trianon, de Marly, de l'Obser- LXXXIII. vatoire, de l'Hôtel des Invalides, & l'élargissement des ruës de Paris, & de MEDAILLE. son Enceinte avec ses Remparts plantez, font voir que la Magnificence du XLV. ROY répond à la grandeur de son Génie, & remplit son Régne de Mer- MEDAILLE. veilles, à quoy a beaucoup contribué la découverte de plusieurs Carriéres de XLII. marbre de differentes couleurs que l'on trouva il y a quelques années dans la MEDAILLE. Guyenne & dans les Pyrenées, aussi-bien que les Colonnes que l'on a fait apporter d'Egypte, des ruines d'une ancienne Ville, sous lesquelles elles étoient à demi ensevelies.

Que peut-on dire qui approche de la beauté surprenante de ces riches Tapisseries, où l'or, la soye & la laine expriment si vivement les plus belles Actions de SA MAJESTÉ, & representent ses Maisons Royales, & les Raretez qui en font les ornemens avec tant d'éclat & de délicatesse, que Messieurs Ians & le Févre semblent avoir ôté au pinceau la gloire d'appliquer plus heureusement les couleurs, qu'ils ont l'adresse de les mêler dans ces tissus de Haute-lisse. Comme Monsieur Branchi fait servir la diversité des pierres

fines à faire des miracles precieux fur les Tables , où il affemble avec tant
d'art ces trefors de la nature ; mais il n'appartient qu'à Monfieur Felibien de
décrire ces Merveilles , dont il ne faut pas luy difputer l'avantage , ni le par-
tager avec luy.

XXVI.   Ce n'eſt pas donc fans raifon que l'on a donné au ROY pour fa Devife le
MEDAILLE. Soleil , avec ces mots : NEC PLURIBUS IMPAR , comme l'Image la plus
VIII.   juſte de fon application infatigable à rendre fes fujets heureux de tant de ma-
MEDAILLE. niéres differentes. Par les frequentes revûës de fes Troupes il forme des Offi-
XV.   ciers , aguerrit fes Soldats , & s'eſt rendu lui-même tres-habile dans la Science
MEDAILLE. Militaire. Le Secret qu'il a introduit dans fes Confeils , la facilité qu'il donne
LX.   à fes Peuples de l'approcher pour luy prefenter leurs requêtes , fon affiduité
MEDAILLE. aux Affaires , fa célérité , fa vigueur & fa fageffe dans l'exécution de fes def-
XXV.   feins , font les fujets de plufieurs Médailles , qui font autant d'Images de fes
MEDAILLE. Vertus héroïques , auffi-bien que les Devifes militaires , dont j'érige icy un
LXI.   Trophée à fa Valeur.
MEDAILLE.

     La mort de la REINE MERE DU ROY , arrivée au commencement
de l'anné 1666. mit toute la Cour en dueil ; le ROY luy fit rendre dans
S. Denis & dans Nôtre-Dame de Paris tous les honneurs qui étoient dûs à la
mémoire d'une REINE fi vertueufe , à qui on fit en deux Vers cette Epitaphe.

ET SOROR , ET CONJUX , ET MATER , NATAQUE REGUM.

NULLA UNQUAM TANTO SANGUINE DIGNA FUIT.

Epoufe , Mere , Sœur , Fille de tant de Rois ,

Quelle autre réünit tant d'honneurs à la fois ?

On luy rendit dans Rome de pareils honneurs , avec toute la magnificence des Décorations , qui font depuis fi long-temps en ufage au delà des
Monts.

Le Collége de Grenoble qui devoit aux bienfaits de cette REINE fon premier établiſſement , témoigna fa reconnoiſſance par des devoirs de piété de
cette forte , & les accompagna d'un Maufolée , femblable à celuy des anciennes Apotheofes , avec des Infcriptions , des Devifes , des Médailles , & d'autres Ornemens funébres. Le fujet de cet Appareil étoit , *Les Graces pleurantes
fur le Tombeau de la Reine* , par allufion à fon nom d'ANNE , qui eſt celuy
de la Grace , & au nom de la ville de Grenoble , *Gratianopolis* , la Ville des
Graces.

Le fieur de Chaumels Confeiller en la Cour des Aides de Guienne , fit
quarante Devifes fur les principales Actions de cette REINE , qu'il accompagna de Vers , & de petits difcours , fous le Titre de *Devifes Panegyriques
pour* ANNE d'AUSTRICHE *Reine de France* , & en fit un juſte volume imprimé
à Bourdeaux.

La protection donnée aux Hollandois , & le fecours que le ROY leur
fournit

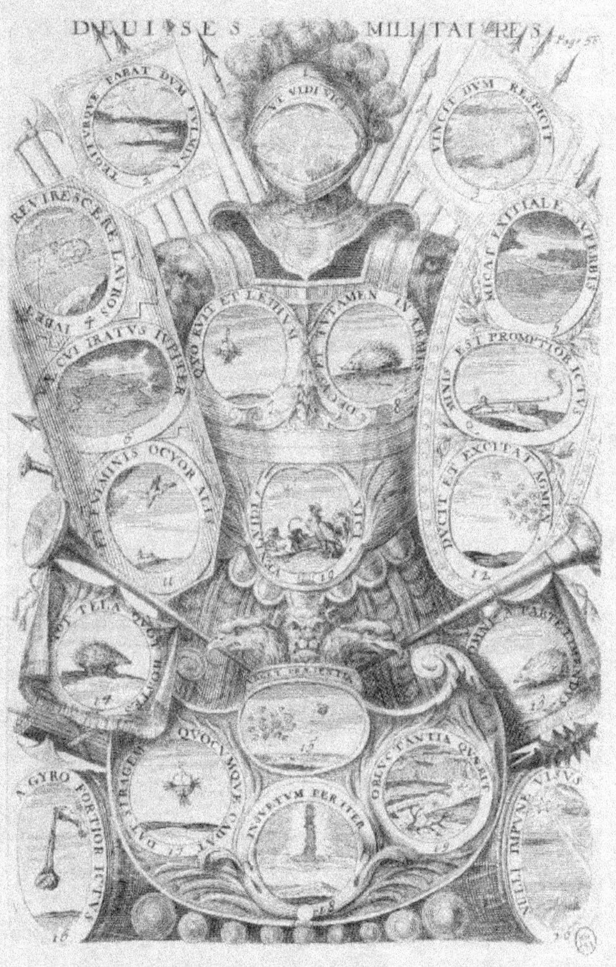
NE VIDI VICI
VINCIT DVM RESPICIT
FRVSTRAQVE FVRAT DVM FVLMINA
REVIRESCERE LAVRO
CVI IRATVS IVPPITER
MICAT INITIALE SVPERBIS
NIHIL EST PROMPTIOR ICTVS
QVO RVIT ET LETHVM TAMEN IN LEMBO
FVLMINIS OCYOR ICTV
DVCIT ET EXCITAT AGMEN
POT TELA DEO
A GYRO FORTIOR ICTVS
QVOCVMQVE
INVICTVM FER ITER
CONSTANTIA QVÆRIT

fournit contre l'Evêque de Munster , en exécution du Traité de garantie qu'il avoit fait avec les Etats , fait le sujet d'une Medaille , où la France couvre de son Bouclier la Hollande qui s'appuye sur un Autel antique , symbole de la Foy des promesses jurée solennellement , & expliquée par ces mots : RELIGIO FOEDERUM. La Legende dit :

XIX.
MEDAILLE.

BATAVIS TERRA, MARIQUE DEFENSIS.
Les Hollandois secourus par Mer & par Terre.

Qu'un grand Génie est capable de grandes choses : ce n'est pas seulement dans la conduite des Armées , & dans les Expéditions militaires , qu'un Heros fait connoître ce qu'il est. L'étenduë de son esprit qui ne trouve rien d'impossible , luy fait entreprendre de grands desseins , & dans le paisible repos que luy procure la cessation des Guerres , il prend soin de rendre heureux ses sujets , de faire éclater sa magnificence , de proteger les Arts & les Sciences , & de recompenser la vertu & le mérite. Ce fut ce qui fit entreprendre au ROY la jonction des deux Mers , par un Canal pratiqué dans le Languedoc entre le Cap de Cette & la Garonne. Monsieur Riquet en fut l'Entrepreneur principal , & ayant fait connoître au ROY & aux Ministres la possibilité de son entreprise , l'Archevêque de Touloue Charles d'Anglure de Bourlemont accompagné du premier President de Languedoc , Gaspard Fieubet , & des Capitouls de la Ville , en bénit la premiere pierre le 17. de Novembre 1667 , qui fut posée à l'ouverture du Canal pour la premiere Ecluse hors la Porte du Basacle. L'inscription de cette pierre étoit celle-cy.

XCIIII.
MEDAILLE.

LUDOVICO XIIII.
SEMPER AUGUSTO REGNANTE,

Prudentissimis Joan. Bapt. Colbert , Comitis Consistoriani Consiliis. Gaspard de Fieubet Princeps Senatus Amplissimus unà cum Nobilissimis Capitolinis , Germano La Faille , & Petro du Maignial , consecratum ab Illustrissimo Archipræsule Carolo d'Anglure de Bourlemont , saxum molem immensi Alvei Gemini Maris Commercio suffecturi sustentaturum , felicibus auspiciis , instante Viro Clarissimo Paulo de Riquet , tanti Operis Inventore , posuerunt Anno Sal. instaur.

MDCLXVII

Q

On fit trois Médailles en cette occafion ; l'une pour le Port de Cette, où autour de la Tête du Roy on lit ce demi Vers, avec le Nom de Sa Majesté dans l'Exergue :

LUDOVICUS XIIII. FRANCIÆ ET NAVARRÆ REX, PACEM TERRIS INDIXIT ET UNDIS.

Il fait regner la Paix fur la Terre & fur l'Onde.

Le revers de cette Médaille eft le Port de Cette, avec les Jettées qui font le Mole pour la fûreté de ce Port. La Legende eft :

TUTUM IN IMPORTUOSO LITTORE PORTUM STRUXIT ANNO MDCLXVI.

Il a fait un Port fûr dans une Rade dangereufe l'an 1666.

Dans une autre Médaille, la Tête du Roy eft accompagnée d'un Trident, & au revers Neptune, ouvrant un Canal avec fon Trident, dit qu'il va donner au Monde un nouvel ornement par la jonction des Mers: JUNCTA MARIA.

NOVUM DECUS ADDITUR ORBI.

Enfin dans la troifiéme Médaille qui fut celle qui fut mife dans les fondemens de la premiere Eclufe auprés de Touloufe, on voit la ville de Touloufe & cette Eclufe. Au deffus de la ville de Touloufe on lit :

TOLOSA UTRIUSQUE MARIS EMPORIUM.

Touloufe Ville des deux Mers pour le Commerce, qu'elle ouvre enfin à tous les Peuples, qui attendoient depuis long-temps cet avantage.

EXPECTATA DIÙ POPULIS COMMERCIA PANDIT.

Autour de la Tête du Roy eft un autre Vers, avec le Nom du Roy.

LUDOVICUS XIIII. FRANC. ET NAV. REX.

UNDARUM TERRÆQUE POTENS, ATQUE ARBITER ORBIS.

Puiffant fur Mer, fur Terre, & l'Arbitre du Monde.

XCIV.
MEDAILLE.　　On a fait depuis en 1681. une quatriéme Médaille de cette Jonction des Mers, avec cette Infcription : JUNCTA MARIA A GARUMNA AD MONTEM SETIUM PERDUCTA FOSSA. MDCLXXXI. Ce qui fait une fauffe date pour cette entreprife commencée quinze ou feize ans auparavant.

Tandis que le Roy donnoit ainfi de nouvelles loix à la Nature, & dif-

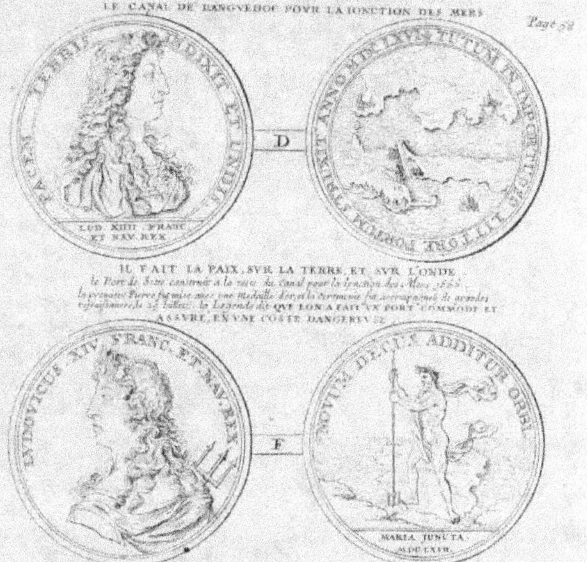

IL FAIT LA PAIX, SVR LA TERRE, ET SVR L'ONDE.

le Port de Sete construit à la teste du Canal pour la ionction des Mers 1666.
la premiere Pierre fut mise avec vne Medaille d'or, et la ceremonie fut accompagnée de grandes
resjouissances, le 24 Iuillet. la Legende dit QVE L'ON A FAIT VN PORT COMMODE ET
ASSVRE, EN VNE COSTE DANGERVSE.

la premiere Navigation sur le Canal, se fit depuis Naurouze, au bout du Canal et avec vn convoy de Flandrois le 25 Mars 1672, et
se continua le lendemain depuis Montgiscard jusqu'à l'embouchure de la Garonne. la Medaille dit que CEST POVR LE MONDE
VN NOVVEL ORNEMENT, QVE CE CANAL POVR LA IONCTION DES MERS.

cette Medaille represente le Roy puissant sur mer, et sur terre, et arbitre du Monde, et la ville de Tolose comme la ville des
deux Mers pour la facilité du commerce. les Premieres Pierres de la Premiere Escluse du canal furent Benites par l'Archeuesque de Tolose et Posees l'vne par le premier President du Parlement, et l'autre par les Capitoux le 17 Novembre 1667.

poſoit des Elemens pour des Ouvrages & des entrepriſes dignes de ſa Magnificence, il fit venir d'Italie le Cavalier Bernin le plus habile homme de ſon ſiécle pour les grands Ouvrages d'Architecture & de Sculpture, & aprés l'avoir conſulté ſur les nouveaux deſſeins du Louvre qu'il vouloit bâtir, il en mit la premiere pierre le 17. d'Octobre 1667. avec des Médailles d'une grandeur extraordinaire, dont il y en a une d'or dans le Cabinet du Roy. Deux revers différens repreſentent de deux maniéres la façade de cet Edifice, avec ces mots : MAJESTATI AC ÆTERNITATI GALLICI IMPERII SACRUM. *Conſacré à la Majeſté & à l'Eternité de l'Empire François.* Cependant nulle de ces deux façades n'a été élevée, & l'on en a fait une troiſiéme, qui fait le revers d'une Médaille de 1673.

XXXV. MEDAILLE.

La Mort du Roy d'Eſpagne Philippe IV. ayant ouvert à la REINE DE FRANCE ſa Fille, des prétentions légitimes ſur quelques Etats qui luy étoient échûs dans les Païs-Bas, la REINE MERE qui étoit attaquée d'une maladie mortelle, fit tous ſes efforts par des inſtances réiterées auprés de la Reine d'Eſpagne ſa Belle-ſœur, pour obtenir d'elle qu'elle donnât au ROY la ſatisfaction qu'il demandoit ſur ces juſtes pretentions, afin qu'elle eût en mourant la conſolation de voir la Paix des deux Couronnes aſſurée. Ces inſtances de la REINE MERE ayant été ſans effet, le ROY fit examiner ſecretement dans les plus fameuſes Univerſitez de l'Europe les droits de la REINE ſon Epouſe, & en ayant reçû des réponſes avantageuſes pour ſes intérêts, il fit publier un Traité des Droits de la REINE ſur divers Etats de la Monarchie d'Eſpagne, & fit marcher en même temps des Troupes vers les Païs-Bas. Bergue, Furnes, Aire, Tournay, Doüay, Courtray, Oudenarde, Aloſt & Liſle furent les Conquêtes de 1667. & les premiers ſequeſtres que le ſuccés de cette Campagne mit entre les mains du ROY pour les Droits de la REINE ſon Epouſe.

VII. MEDAILLE.

L'an 1668. la Franche-Comté eut le même ſort que les Villes des Païs-Bas avoient eu l'année précédente. Beſançon, Salins, Dole, Gray, & toutes les autres Villes cédérent aux armes victorieuſes du ROY, juſqu'au Traité d'Aix-la-Chapelle, qui faiſant recouvrer aux Eſpagnols ce qu'ils avoient perdu dans la Franche-Comté, aſſûra au ROY ſes autres Conquêtes.

XLIV. MEDAILLE.
XXI. MEDAILLE.

Monſieur Colbert Secretaire d'Etat, Controlleur Général des Finances, & Sur-Intendant Général des Bâtimens, Arts & Manufactures de France, ayant formé le deſſein de faire fleurir les Arts, les Lettres & le Commerce dans le Royaume, ſe fit recevoir l'an 1667. dans l'Académie Françoiſe, & donnant dés-lors des ſoins aſſidus à l'établiſſement de la Marine, des Arts & du Commerce, on fit deux Médailles, dont l'une a pour revers un Vaiſſeau, avec ces mots : NAVIGATIO INSTAURATA. Dans l'autre c'eſt une Minerve armée devant la baluſtrade d'un Jardin, avec cette Legende :

CXIII. MEDAILLE.

PUGNAT ET EXCITAT ARTES.

Elle excite les Arts ſans quitter les Combats.

La crainte que l'on eut de voir l'Eglise troublée par les disputes, qui depuis quelques années s'étoient élevées dans les Ecoles & dans les Assemblées des Ecclesiastiques sur les matiéres de la Grace, obligea le Roy d'imposer silence aux deux Partis, & de défendre de continuer à publier une foule d'Ecrits qui aigrissoient les esprits. Le Clergé de France avoit prié le Pape de prononcer sur ces Questions, pour terminer les différens. Innocent X. & Alexandre VII. avoient fait des Constitutions, où ils avoient défini ce que l'on devoit croire sur ces matiéres. Mais on ne laissoit pas de chicaner, & les plus opiniâtres ne vouloient pas acquiescer à ces Décisions, quand l'Autorité Royale appuyant l'Ecclésiastique, fit cesser toutes les Disputes, & donna lieu à une Médaille où on voit un Autel, sur lequel est un Livre ouvert, avec une Clef & un Sceptre croisez sur le Livre. La Legende dit, aux termes de S. Paul, *que la Grace & la Paix viennent de Dieu.* GRATIA ET PAX A DEO. Et dans l'Exergue on lit :

OB RESTITUTAM ECCLESIÆ CONCORDIAM. 1669.

L'Architecture qui sembloit avoir été négligée sous les Régnes précédens par le mauvais goût des Ouvriers, commença à prendre une nouvelle forme. *Le Parallele de l'Architecture antique & moderne* que Monsieur de Chambray Rolant Freart avoit fait paroître l'an 1650. avec un Recueil des dix principaux Auteurs qui ont écrit des cinq Ordres, avoit fait ouvrir les yeux à la plûpart de nos Architectes, pour entreprendre quelque chose de régulier, quand Monsieur Colbert qui vit que le ROY avoit du goût pour les Bâtimens, & en jugeoit avec un discernement qui étonnoit les Maîtres les plus habiles, forma le dessein d'établir une Académie d'Architecture, où entrerent Messieurs le Vau, Gitart, le Pautre, Bruant, Dorbay, Mignard, & Mansard. Monsieur Perrault traduisit le Vitruve, & donna les desseins du Louvre, de l'Arc de Triomphe, & de l'Observatoire. Et Monsieur Blondel en qualité de Professeur Royal y faisoit deux fois la semaine des Leçons publiques, tandis que Monsieur Felibien Historiographe des Bâtimens, y tenoit le Registre des Délibérations.

Le ROY desirant que l'on inventât un nouvel ordre qui pût être mis au dessus du Corinthien & du Composite qui sont au dedans de la Cour du Louvre, on fit publier par une Affiche, que SA MAJETÉ feroit délivrer son Portrait enrichi de pierreries à celuy des Architectes, Peintres, Sculpteurs, ou autres, qui réüssiroit le mieux à trouver ce nouvel ordre, qu'on vouloit nommer l'ORDRE FRANÇOIS.

La Paix qui laissoit au ROY le loisir de songer à la perfection des Arts, donna lieu à quelques Médailles & à quelques Jettons. Un Alcyon faisant son nid au milieu du calme de la Mer, represente cette application du ROY, par ces mots : PACE DATA ÆDIFICAT. *Il s'applique à bâtir au milieu de La Paix*, & comme dans la Guerre le ROY ne laissa pas de continuer ses Bâtimens, on voit dans une autre Médaille le Roy des Abeilles avec son Essain, qui sort de sa ruche, où rentrent des Abeilles chargées.

FERVET

FERVET OPUS, NEC BELLA MORANTUR.

L'Observatoire, l'Hôtel des Invalides, le Pont Royal, & l'Arc de Triomphe ont leurs Médailles particuliéres.

Les Espagnols au lieu de joüir du repos que la Paix venoit de leur procurer, cabalent avec deux autres Nations jalouses de nos succés, & font une ligue à laquelle ils donnerent le nom de *Triple Alliance*, pour se rendre plus formidables par ces Puissances unies. Tandis que le ROY envoye du secours en Candie contre les Infidéles, & des Troupes en Lorraine pour s'assûrer de cette Province, où le Duc Charles, contre la foy de son serment, & des Traitez plusieurs fois renouvellez, prenoit de nouveaux engagemens avec les Ennemis de l'Etat.

Enfin les Hollandois ayant attiré sur eux les justes ressentimens du Roy, il entra dans leur Païs, porta par tout la terreur, força tous les passages, fit quatre Siéges à la fois, & en moins de soixante jours prit quarante Villes fortifiées, sans que quatre grosses rivieres pûssent mettre obstacle à la rapidité de ses Conquétes.

La Cavalerie animée de sa presence, passe le Rhin à la nage, malgré les efforts des Ennemis, qui ne parurent sur l'autre rive que pour être effrayez de l'ardeur impétueuse des François, que rien ne peut arrêter. Orsoy, Vesel, Rhinberg, Reés, Emerich, Arnhem, Doesbourg, Burich, Zutphen, Woorden, Nimége, Grave, le Fort de Skin, la Seigneurie d'Utrecht, les Isles de Bomel & de Bethuve, sont les Trophées de la juste indignation du Victorieux, & les Monumens de l'Ingratitude punie, aussi-bien que l'Arc de Triomphe de la Porte de S. Denis.

Aprés la réduction de ces Places, le Roy marche aux Ennemis qui étoient en Campagne, les met en fuite, & les fait poursuivre jusques sous les murailles de Bruges.

La mort du Chancelier Pierre Seguier ayant laissé l'Académie Françoise sans Protecteur, le Roy qui vouloit faire fleurir dans ses Etats l'Eloquence & les belles Letres, aussi bien que le Commerce & les Arts, dont il s'étoit déclaré le Protecteur, témoigna à cette Compagnie qui l'étoit allé saluer avec l'Archevêque de Paris son Directeur, qu'il vouloit l'honorer de sa Protection Royale, qu'elle tint à l'avenir ses Assemblées & ses Conferences dans les Sales du Louvre où s'assembloit auparavant le Conseil, & que l'on distribuât à chaque jour d'Assemblée quarante Jettons d'argent aux Academiciens qui s'y trouveroient presens. Ces Jettons ont d'un côté la Tête du Roy, & de l'autre la Devise de l'Académie d'une Couronne de laurier, avec ce mot : A L'IMMORTALITE. Et pour la Legende :

LOUIS LE GRAND ROY DE FRANCE,

PROTECTEUR DE L'ACADEMIE FRANÇOISE.

Plusieurs Académies s'établirent en divers endroits du Royaume, sur le

R

modéle de celle-cy , qui avoit eu pour fondateur le Cardinal de Richelieu
sous le Régne précédent. Et comme à la reception de Monsieur l'Archevêque de Paris , qui fut prié par la Compagnie de remplir la place de Monsieur de Perefixe son Prédécesseur , Monsieur Pelisson qui se trouvoit Directeur , prononça un Panégyrique du Roy , qui fut traduit en Italien par Monsieur l'Abbé Regnier Academicien , & en Latin par Monsieur Doujat aussi
Académicien , l'Académie publia par des Affiches & par des Gazettes , qu'elle
commenceroit le 25. jour d'Aoust de l'année 1673. à donner le Prix d'Eloquence établi par feu Monsieur de Balsac l'un des quarante de cette Compagnie , & trois Académiciens , sans vouloir être connus , proposerent pour
un pareil jour un Prix d'un Lys d'or de trois cens livres à celuy qui feroit
les plus beaux Vers sur l'honneur que le R o y avoit fait à l'Académie , en
acceptant la qualité de son Protecteur , & en la logeant au Louvre.

XXXVII.　　Au milieu de ces soins donnez aux Lettres , aux Arts & au Commerce ,
MEDAILLE. le Roy n'abandonna pas les Travaux Militaires qui paroissent si opposez à
ces Exercices tranquilles. Il fit en personne le Siége de Maestrich , & l'emporta en treize jours. Le Duc de Luxembourg avec douze cens Fantassins ,
battit une Armée de douze mille hommes prés Woorden , & le Prince d'O-
range qui cherchoit à se signaler à la téte d'une Armée grossie de tout ce
que la Hollande avoit pû lever , gager & mendier de tous côtez , fut contraint
d'abandonner le Siége de Charleroy.

　　La foy publique violée à Cologne en la personne du Prince Guillaume de
Furstemberg , excite de nouveau l'indignation du Roy , qui aprés cet atten-
tat rappelle ses Ambassadeurs , & tournant ses armes contre l'Espagne prin-
XXXVIII. cipale cause de ces mouvemens , reprend la Franche-Comté en moins de jours
XL. XLI. qu'il n'en faut pour préparer le Siége d'une place. Gray , Besançon , Dole ,
MEDAILLES Salins , & des Châteaux placez sur des rochers inaccessibles , cédent aux ar-
mes de Louis le Grand , qui s'étant acquis ce nom glorieux par tant
de Titres , ne retourne à Paris à la fin de la Campagne , que pour voir ce
Titre d'honneur élevé à sa gloire sur toutes les Portes de la Capitale du
Royaume , & sur tous les Ouvrages publics.

XI.　　La Bataille de Senef fut le dernier coup de foudre qui acheva de rompre
MEDAILLE. le nœud de la triple Alliance , puis qu'elle tenta en vain le Siége d'Oudenarde , d'où le Prince de Condé chassa les Ennemis , après les avoir battus à Senef.

XXXIX.　　Le Vicomte de Turenne , par les avantages de trois Combats , mit les
MEDAILLE. Impériaux hors d'état de nous insulter. Il s'empara du Palatinat , pour empêcher les Allemans d'éxécuter les vains projets qu'ils avoient fait de venir fondre sur le Rhin , pour nous éloigner de leurs frontieres.

　　La France qui perdit deux ans aprés cet illustre Général , sous lequel le
Roy avoit bien voulu se former au métier de la Guerre , vit sa vertu recom-
pensée par la douleur que le Roy témoigna de cette perte , par les honneurs
funébres qu'il luy fit rendre dans la premiere Eglise du Royaume , & par le
Tombeau magnifique qu'il voulut que l'on luy dressât parmi les Tombeaux
de nos Rois.

L'Académie Françoise fut establie par Edit du Roy en 1635 sous la protection du Cardinal de
Richelieu M. le Chancelier Seguier en prit la protection en 1643. et le Roy en 1672. Elle est
composée de 40. personnes dont les noms sont marquéz sur les fueilles de la couronne de
Laurier qui fait sa devise avec ces mots A L'IMMORTALITE.

PROTECTION DES SCIENCES ET DES BEAVX ARTS

Messire Estienne d'Aligre Doyen du conseil d'Estat le 25. Avril 1674 fut pourveü de la charge de Garde des Sceaux, dont il presta le lendemain le Serment entre les mains du Roy, & fut fait Chancellier de France deux ans apres, le 3. Janvier 1674. les Armes de sa Maison, sont Bureslées d'or et d'azur, au chef d'azur a trois soleils d'or rangez, en chef; la devise de la Medaille dit que PLVS QVN SOLEIL ECLAIRE CETTE MAISON, par ce que le Pere et le Fils ont esté Chancelliers de France.

Messire Michel le Tellier Secretaire et Ministre d'Estat, apres la mort de Mr. d'Aligre fut nommé par le Roy Chancelier de France, et Garde des Sceaux, Jamais on ne se vit de vertu ny tant de merite, les Suffrages de toute la France se rapporterent de choisir que le Roy fit de sa Maison, et LA PIETÉ DE SES ENFANS, Mr. le Marquis de Louvois, et Mr. l'Archevesque de Rheims, a consacré ce Monument à sa memoire, sous le titre de LA VERTV HEVREVSE, qui unit la Religion, couronne la Justice.

Messire Louis de Boucherat, conseiller d'Estat et docteur fut nommé Chancellier de France, le 1. Nov. 1685. le Roy luy osta les sceaux en les rendant aux grands Sceaux, et le 3. du mesme mois il presta le serment de fidelité entre les mains de S. M. et Venant à tenir la Medaille represente L'HONNESTETÉ COMPAGNE DE LA IVSTICE.

OBELISQVE DE GRANITE D'EGYPTE TROWE A ARLES ET ELEVÉ
A LA GLOIRE DV ROY Le 20. Mars 1676.

I.
Ludouico Magno
Omnes Omniū ante se Principū Virtutes amplexo
Imperatori Inuictissimo.
Legislatori Sapientissimo.
Æquissimo Iudici.
Clementissimo Domino.
Benefactori Amplissimo.
Patri Populorum Optimo.
Vere Regi.
S. P. Q. A.

II.
Olim Soli Sacrum.
Gentium Deo.
Nunc felicioribus auspiciis
Ludouico Magno.
Splendore ac sublimitate fortunæ.
Ingenij lumine perspicacitate.
Vi. Celeritate
Mentis magnitudine ac beneficentia.
Vero Orbis Gallici Soli.
Nec pluribus Impari.
Qui nec errat nec cessat.
Quieto Similis.
Proque eius incolumitate atque salute
In qua salus publica versatur
Deo Optimo Maximo
Dicat Vouet Consecrat.
S. P. Q. A.

III.
Ludouico Magno
Ad Æternitatem Gallici nominis nato.
Semper Victori.
Semper Pacifico.
Studiorum Artium Virtutum omnium
Parenti Mitissimo et Liberalissimo.
Eiusque Iustitiæ Pietati Prouidentiæ.
Munificentiæ
S. P. Q. A.

IIII.
Ludouico Magno
Quod labefactatam Rempublicam
Restituerit.
Auctoritatem Regibus Vim Legibus.
Rebus Ordinem
Reddiderit.
Impiam Singularium Certaminum rabiem.
Extinxerit
Terra Marique in immensum
Francorum vires. Commercia Imperiū.
Auxerit. propagauerit.
Gentes Foederatas armis.
Ipsam Inuidiam Gloriâ
Vicerit
S. P. Q. A.

Cet Obelisque de 36 pieds de   hauteur. et de 7. pieds de base.
fut decouuert par Lordre   du Roy Charles IX.
et de la Reine Catherine de Medicis   dans un Iardin pres la porte de la Roquette

Le Chancelier Meſſire Pierre Seguier étant mort, aprés avoir exercé quarante ans la premiere Dignité de la Robe dans l'adminiſtration de la Juſtice,
le Roy tint lui-même les Sceaux l'an 1672. les remit quelque temps aprés
à Eſtienne d'Aligre Doyen des Conſeillers d'Etat, qui fut fait Chancelier de
France le 8. Janvier 1674, & un an aprés on vit ſa Médaille avec ces mots,
qui faiſoient alluſion aux trois Soleils de ſes Armoiries, & à la Dignité de
Chancelier que ſon Pere avoit autrefois exercée. NON UNO GENS
SPLENDIDA SOLE. Il eut pour ſucceſſeur en cette Charge Meſſire Mi-
chel le Tellier que ſon mérite avoit élevé par degrez à tous les Emplois du
Miniſtére, & aprés la mort de ce ſage Miniſtre Meſſire Louis de Boucherat
Conſeiller d'Etat, fut élevé à cette même Dignité.

Le Roy de Pologne Jean Sobieſki, que le ROY avoit nommé à l'Ordre
du S. Eſprit le 18. de Décembre 1675. reçût le Collier à Zolckieu le 30. de
Novembre 1676. par les mains du Marquis de Bethune Ambaſſadeur du
ROY, qui l'avoit fait Chevalier le 18. de Décembre 1673. Il y a une Médaille
de cette Aſſociation du Roy de Pologne à l'Ordre du Saint Eſprit & de Saint
Michel, dont les Colliers environnent les Armoiries de Pologne repreſentées
dans un Bouclier antique, Armoirie de la Maiſon de Sobieſki, dont eſt ce Roy,
avec ces mots :

CONCORDIÆ VINCULUM.

Comme il y a une autre Médaille de la Reception du Roy Caſimir aprés
ſon abdication.

Le Duc de Nevers avoit fait à Rome la même Cérémonie de l'Ordre du
Saint Eſprit, le vingt-neuviéme de Septembre 1675. pour

Flavio des Urſins, Duc de Bracciano, Baron Romain, & Prince du Soglio,
    aux cérémonies Pontificales.

Louis Sforza, Duc de Sforce, d'Onagno, & de Segni.

Fabritio Colonna, Prince de Sonnino.

La ville d'Arles ayant trouvé ſous les ruines d'un ancien Cirque un
Obeliſque de Granite d'Egypte, l'éleva devant ſon Hôtel de Ville avec des
Inſcriptions Latines à l'honneur du ROY. La Flandre en même temps
conſacra de nouveaux Trophées à la proſpérité des armes de LOUIS LE
GRAND. Condé & Bouchain furent pris à la vûë des Armées d'Eſpagne &
de Hollande, & le Prince d'Orange qui ſe promettoit, à la tête de trois Puiſſances unies, de nous enlever Maëſtrich, ſe vit contraint de l'abandonner,
aprés cinquante jours de Siége, tandis que nos Troupes allérent prendre Aire
& Linck.

XXIX.
MEDAILLE.

Le Modéle de l'Arc de Triomphe élevé ſur l'avenuë du Fauxbourg S. Antoine, avec une Table d'attente pour l'Inſcription que l'on y devoit mettre,
donna lieu à des Diſſertations ſçavantes, ſur le choix de la Langue qui devoit ſervir à cette Inſcription. Meſſieurs de l'Académie Françoiſe qui s'occu-

pent avec tant de soin à donner à nôtre Langue toute la politesse dont elle peut être capable, & qui vont bien-tôt publier leur Dictionnaire, dont l'Impression est achevée, prétendirent que tous les Monumens publics, qui porteront à la Postérité les Actions glorieuses de ce Régne, ne devoient plus parler d'autre Langue, que la Langue naturelle du Heros qui les a faites. Monsieur Charpentier à present Doyen de cette Académie, se déclara pour nôtre Langue par un Ecrit, dans lequel il répondoit aux objections de Monsieur l'Abbé de Bourzeys l'un de ses anciens Confreres, & le P. Lucas Jesuite ayant soûtenu les intérêts de la Langue Latine dans un Discours qu'il prononça à l'ouverture du Collége de Louis le Grand, l'an 1676, Monsieur Charpentier se crût obligé d'appuyer ses premiers raisonnemens d'un Discours plus étendu, dont il lut une partie dans une Assemblée solennelle de l'Académie, le jour de la Reception de Monsieur le premier President du Parlement, Messire Nicolas Potier de Novion, & quelque temps après il publia deux Volumes sur cette matière, & les intitula, *De l'Excellence de la Langue Françoise.*

LIV. LV.
MEDAILLE.
    La ville de Messine opprimée sous le joug des Espagnols, implore le secours du Roy, & trouve en sa protection un azyle contre les violences de ceux qui troubloient son repos. Le Maréchal Duc de Vivonne y entra en Victorieux, aprés avoir donné la chasse à l'Armée Navale des Ennemis, prend la ville d'Agosta, attaque les Flottes ennemies dans Palerme, brule, ou coule à fond six Galéres & douze Vaisseaux, aprés que nôtre Armée Navalle, commandée par le sieur du Quesne, eut défait celle des Hollandois & des Espagnols prés de l'Isle de Stromboli sur les Côtes de Sicile, où l'Admiral Ruiter perdit la vie.

LVII. CXIV.
MEDAILLE.
X C.
MEDAILLE.
XXVII.
LXXXIX.
MEDAILLE.
    L'Amérique ne fut pas moins le theatre de nos Victoires. Six Vaisseaux & quatre Fregates sous la conduite du Comte d'Estrées reprirent l'Isle de Cayenne sur les Hollandois, entrerent dans le Port de Tabago, brûlerent ou coulerent à fond quatre Vaisseaux, raserent le Fort, & mirent la sûreté dans nos établissemens pour le Commerce. Les succés de Terre passerent encore de beaucoup ceux de la Mer. La prise de Valenciennes & de Cambray, la Bataille de Mont-Cassel, où Monsieur Frere Unique du Roy, fit paroître tant de Sagesse & tant de Valeur, & la reddition de S. Omer, qui fut le fruit de sa Victoire, furent suivies de la prise de Fribourg en Brisgau, de Walkirch, & de S. Guillain.

XLVI.
XLVII.
MEDAILLE.
    La Campagne suivante fournit au Roy de nouvelles occasions de gloire, que Monsieur l'Abbé Bizot a gravées en deux Médailles. Il commença cette Campagne au milieu de l'hiver, se rendit en cinq jours Maître de la ville de Gand, n'en mit que trois à soûmettre sa Citadelle, & passa de ce Siege à celuy d'Ypre, qu'il emporta avec la même facilité.

LII. LIX.
XCI. XCIII.
CXXIV.
CXXXIII.
    Les Ennemis consternez chercherent dans de nouveaux Traitez de Paix un remede prompt à leurs maux. Le Roy d'Angleterre s'en fit le Médiateur, & le Roy s'en reservant les conditions pour la donner en Maître, par un exemple rare de modération au milieu de tant de succés, sacrifia au bien

public

LUDOVICO MAGNO
RELIGIONIS VERÆ ASSERTORI
VITIORVM STRENVO VINDICI
IVSTITIÆ MODERATORI
SEMPER MAGNO
SEMPER FELICI
TRIVMPHIS MILLIES INSIGNITO
CVI NEC VIGET QVICQVAM SIMILE
AUT SECUNDUM
M D C LXXVIII

M.r l'Abbé Bisot, qui nous a donné l'Histoire Metallique de Hollande a fait graver sur l'Argent cette Medaille qui reunit en un seul dessein toutes les Medailles qu'on a faittes pour le Roy, et comme il fait connoitre par
l'une des faces de cette Medaille QVE TOUTE LA TERRE EST REMPLIE DE LA GLOIRE DU
ROY, ET QV'IL EST L'OBJET DE L'ADMIRATION DE TOUTES LES NATIONS, il a consacré
l'autre A LOUIS LE GRAND VERITABLE DEFENSEUR DE LA RELIGION, ENNEMI DECLARÉ
DES VICES, MODERATEVR DE LA JUSTICE, TOUSJOURS GRAND, TOUSJOURS HEVR-
EUX, ILLVSTRE PAR MILLE TRIOMPHES, ENFIN QVI N'A RIEN DE SEMBLABLE A LVY, NY
RIEN QUI EN APPROCHE.

DVM
LVDOVICVS MAGNVS
OBSEQVENTE FORTVNA
TOTIVS EVROPÆ CONJVRATÆ
VIRES ET CONATVS
FORTITER REPELLIT
ARMISQ. FINES IMPERII LONGE
PROMOVET
GALLIA FELIX ET QVIETA
M D C LXXVIII

cet amas de Couronnes dont les anciens recompenserent la vertu de leurs Braves, et de leurs Triomphateurs
sont icy attribuées a la sagesse, a la Valeur, et a la Clemence de LOUIS LE GRAND PERE DES PEUPLES
QUI N'A JAMAIS SOUILLÉ D'AUCVNE TACHE D'INJUSTICE CES MARQUES D'HONNEUR
PUISQUE MALGRE LES EFFORTS DE TOUTES LES FORCES DE L'EUROPE CONJUREES CONTRE
LUY, AYANT OBLIGÉ LA FORTUNE DE LE SUIVRE DANS TOUS SES DESSEINS, IL ESTEND
PAR SES ARMES LES LIMITES DE SON EMPIRE, ET REND LA FRANCE HEUREUSE, PAISIBLE
ET GLORIEUSE, SOUS SON REGNE

public tous ſes juſtes reſſentimens. Mais pour faire la ſûreté & le repos de   LXVIII.
ſes Frontieres, il retint des gages de ſes Conquêtes, & fit rendre à ſes Alliez   CVII. CIX.
ce que le ſort des armes leur avoit fait perdre. Tournant auſſi-tôt aprés ſes   CX. CXI.
ſoins à des Ouvrages dignes de ſa magnificence & d'une ſage prévoyance, il   CXII.
fortifia des Places, fit des magazins, éleva des eaux, applanit des montagnes,   MEDAILLE.
dreſſa des claſſes de Matelots pour la Marine, aſſembla de jeunes gens en   XXXIII.
diverſes Places de ſon Royaume, pour les former à tous les Exercices Mili-   XLIII. XLII.
taires, accorda pour Epouſe au Roy d'Eſpagne MADEMOISELLE MARIE   MEDAILLE.
D'ORLEANS, Fille de MONSIEUR ſon Frere Unique.   XCIII.

    Louïs de la Tour d'Auvergne Prince de Turenne, aprés avoir achevé ſes   XCVII.
Etudes de Philoſophie dans le Collége de LOUIS LE GRAND, pour con-   MEDAILLE.
ſacrer à la gloire de ce Prince le fruit de ſes Etudes, avant que de ſacrifier   CXV.
ſa vie à des entrepriſes militaires dignes de la nobleſſe de ſon Sang, & de   MEDAILLE.
la réputation de ſes Ancêtres, luy preſenta des Theſes d'une forme nouvelle,
dont chaque Page étoit un Trophée enrichi de Deviſes, d'Inſcriptions,
d'Emblemes & d'Eloges ſous ces Titres magnifiques : VICTORI PACIFICO,
ſur le premier. Le ſecond étoit, RHENUS TRAJECTUS, *Paſſage du*
Rhin. Le troiſiéme, BATAVICÆ URBES DEDITIONE ACCEPTÆ,
les Villes de Hollande ſoûmiſes. TRAJECTUM AD MOSAM EXPUGNATUM,
Priſe de Maëſtrich. SEQUANI REGNO ADDITI, *la Franche-Comté*
conquiſe & réünie à la Couronne. HOSTIS AD PUGNAM LACESSITUS,
le Combat preſenté aux Ennemis devant Valenciennes. VALENCENÆ VI
CAPTÆ, *Valenciennes priſe d'aſſaut.* CAMERACUM SUBACTUM, *Priſe*
de Cambray. GANDAVUM OCCUPATUM, *Priſe de Gand.* IPRÆ CAPTÆ,
Priſe d'Ipres. DISTURBATA FOEDERATORUM HOSTIUM SOCIETAS,
la triple Alliance rompuë. SUSCEPTA SUECIÆ TUTELA, *la Protection*
donnée à la Suéde. PAX UBIQUE CONSTITUTA, *la Paix donnée à*
toute l'Europe.

    Ce fut en ce temps que le ROY traita le Mariage de MONSEIGNEUR   LXVI.
LE DAUFIN, luy choiſiſſant pour Epouſe la Princeſſe Electorale de Ba-   MEDAILLE.
viere, qui le fit le ſixiéme d'Aouſt 1682. Pere d'un Fils, à qui on donna le   C.
Titre de DUC DE BOURGOGNE, & dont la Naiſſance fut accompa-   MEDAILLE.
gnée de toutes les démonſtrations d'une joye extraordinaire.

LXVIII.
LXIX.
XCIX.
CXVII.
CXVIII.
MEDAILLES

Le Roy, pour conferver fes droits, va en Alface prendre poffeffion de Strafbourg Capitale de cette Province, & reçoit les hommages de dix autres Villes qui luy avoient été cedées par la Paix de Munfter. Il y rétablit la Religion, l'Evêque & le Clergé, fonde un College pour l'inftruction de la Jeuneffe, un Seminaire pour les Ecclefiaftiques, & donne à tout le Païs des Monnoyes nouvelles marquées d'une grande Fleur-de-lis.

LXX. LXXI.
MEDAILLE.

Le même jour qu'il prit poffeffion de cette Ville, qui nous affûre les bords du Rhin, fes Troupes entrerent dans Cafal pour la fûreté du Duc de Mantouë, qui fçachant ce que fa Maifon doit à la France, s'eft mis fous fa protection.

LXVII.
MEDAILLE.

Les Algeriens châtiez, & les Corfaires pourfuivis jufques fous le Canon de Chio à la vûë des Turcs, laiffent la Mer Mediterranée libre au Commerce, & ont recours à la Clemence du Roy, à qui ils demandent fon amitié.

L'année 1682. ne pouvoit commencer plus heureufement que par la Cérémonie que fit le Roy de la Chevalerie de Monseigneur le Daufin, à qui il donna les Colliers de fes Ordres le premier de Janvier dans la Chapelle du Château de S. Germain.

LXXXV.
MEDAILLE.

L I.
MEDAILLE.

XII.
MEDAILLE.

XCVIII.
MEDAILLE.

Les Appartemens de Verfailles ouverts à la joye & à l'admiration des Etrangers, furprennent agréablement les yeux & les efprits de tout le monde, par la facilité du Prince à fe mêler aux honnêtes divertiffemens de fa Cour: & le Jugement que le Roy rendit contre fes propres intérêts en faveur des particuliers, luy fit mériter l'aimable Titre de Pere du Peuple, que les Empereurs Romains affectoient autrefois de fe donner. Les François détenus captifs dans Alger, font délivrez de la fervitude, tandis que la ville de Sarloüis bâtie en Lorraine, & la prife de Luxembourg fervent à la France de barrieres contre les irruptions des Allemans.

LXXXIV.
MEDAILLE.

LXXVIII.
CI. CII.
MEDAILLES

CXIX.
MEDAILLE.

La mort inopinée de la Reine arrivée le 30. de Juillet 1683. affligea tout le Royaume qui admiroit depuis vingt ans fa douceur, fa modeftie & fa pieté Le Roy luy fit rendre dans S. Denis, & dans Nôtre-Dame de Paris, les honneurs qui étoient dûs à fon rang & à fa vertu. Monfieur l'Archevêque de Paris qui l'avoit affiftée à la mort, mit au nom du Roy la premiere pierre de l'Eglife du Seminaire des Miffions étrangeres, & la Naiffance d'un nouveau Fils de Monseigneur le Daufin, affermit les efpérances de l'Etat. On luy donna le Titre de Duc d'Anjou.

LXXII.
LXXIII.
LXXIV.
MEDAILLES

La conduite des Genois ayant obligé le Roy de fe reffentir des pratiques fecretes qu'ils entretenoient avec fes Ennemis, le porta à vanger cet outrage, en faifant bombarder leur Ville, qui auroit été réduite en cendres, fi la médiation du Pape & la venuë du Doge en France avec quatre Senateurs de cette République, n'avoient obtenu de la clemence du Roy, qu'il leur rendît fon amitié.

LXXXVI.
LXXXVII.
LXXXVIII.

Il accorda en même temps aux Allemans & aux Efpagnols une Tréve de vingt ans, avec une remife de fept cens mille écus de contributions que la Flandre luy devoit, demeurant d'ailleurs par un Traité, en poffeffion des

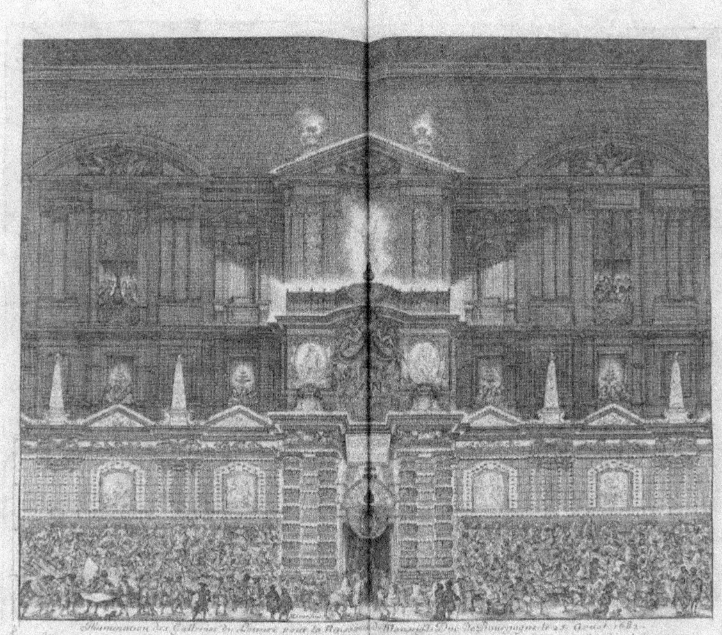

Illumination des Galleries du Louvre pour la Naissance de Monseig.r Duc de Bourgogne le 25. Aoust 1682.

RANCIA
SEQVANTIS
AT OLLI
GLORIA
REBVS
PACATORI ORBIS
VOTA PVBLICA
FVNDATORI
QVIETIS
FELICITAS
PVBLICA
SOCIORVM
VINDICI
PRINCIPVM
CONCORDIA
IVRIVM
ASSERTORI
VICTORIA
PERPETVA
Rejouissances Faites a Ratisbone pour la Naissance de Mgr. Duc de Bourgogne Par Mr. Verius
Comte de Crecy Plenipo = tentiaire = pot. le Roy a la Diete.
Feu de Ratisbone fait Par Mr. Verius.

Feu de Ratisbone fait Par Mr Verius.

REGIMENS D'INFANTERIE CREEZ DEPVIS L'AN 1688
SOVS LES NOMS DES PROVINCES
BOMBARDIERS Humiere
GVIENNE Blausac
TOLOSE Le Comte de Foix
XAINTONGE Le Camus
BIGORRE Piloy
LORAINE Hoguincourt
CAMBRESIS Renvrelot Chasteau
FOIX Blamoille
FORETS Chenerault
FLANDRE de Sens
BEARN Montcheureuil
BRESSE Estrade Cosne
TOVERNESIS Berault
BERRI Cocabriant
LA MARCHE Biron
HAINAVT Pompon
QVERCI Amanzé
BRIE Charrois
ANGOVMOIS Thury
BOVLONNOIS Vibraye
NIVERNOIS Lussé
PERIGORD Chanacande
SOISSONNOIS Le Duc de Valentinois
ISLE DE FRANCE Le Marquis d'Antin
VEXIN Le Chevalier d'Haudetort
AVNIS Le Marquis de Polignac
DAVFINE Estrade le Cadet
VIVARAIS St Poter
LVXEMBOVR Francais
BASSIGNY Le Comte de Mailly
BEAVSSE La Marquise de ...
PONTHIEV Comte de Egmont
BEAVIOLOIS Berville
1680

CES EMBLEMES ET CES DEVISES REPRESENTENT CE QVE LE ROY A FAIT POVR LA RELIGION

1. Les trauaux d'Hercule mis en Constellations.
2. La Foudre, pour defendre les droits du ciel.
3. Les Geants escrasez sous des rochers par la foudre, pour auoir osé se souleuer contre le ciel.
4. L'hydre. Luy seul a pû triompher de ce monstre.
5. Ses premiers soins pour l'honneur des autels.
6. Le nœu gordien coupé par Alexandre, d'autres envain l'auroient entrepris.
7. Vn bastiment renuersé par la foudre, pour les temples des heretiques destruits.
8. Le soleil l'Amour du ciel et l'honneur de la Terre.
9. Les testes de l'hydre coupées. Elles ne peuuent plus nuire.
10. Vne lampe d'Eglise. L'ornement des autels.
11. L'hydre, d'un seul coup abbatue, pour l'Edit d'octobre.
12. vn lys que fuyent les serpens.
13. vn vase de fleurs pour orner les autels.
14. des oiseaux de nuit qui fuyent le soleil.
15. le soleil leuant.
16. des grenouilles qui crient contre le soleil.
17. le soleil connu par ses bien faits dans les deux hemispheres.
18. Vn coq sur un clocher, la Marque de la vraye Religion.
19. Vn cierge allumé sur un autel. Il fait honneur aux autels.
20. Vne main qui taille un arbre. Il oste ce qui nuiroit.
21. Vne galere auec ses rameaux, pour les empescher de s'égarer.
22. Le soleil au signe du belier. La Terre va changer de face.
23. Vn chien qui poursuit des brebis. c'est vne douce violence.
24. Le soleil qui esleue des vapeurs. par vos bien faits nous approchons du ciel.
25. Des arbres taillez et plantez pour les faire monter, afin qu'ils s'approchent du ciel.

DECLARATIONS DV ROY CONTRE LES HERETIQVES DV ROYAVME
ASSEMBLEES DV CLERGE ET REMONTRANCES AV ROY POVR LA RELIGION
DEFFENSES FAITES A CEVX DE LA PRETENDVE RELIGION PAR DIVERS EDITS

Places occupées par ses armes depuis la Paix de Nimégue, jusqu'à ce qu'on pût regler plus exactement les pretentions & les intérêts des Parties.

Pour pourvoir à la sûreté de l'Etat au milieu de cette cessation d'armes, & pour former des Officiers & des soldats, il créa de nouveaux Regimens d'Infanterie sous les noms de diverses Provinces du Royaume, & établit des Compagnies de Cadets dans plusieurs Places frontieres pour les dresser aux Exercices Militaires.

Si la Paix permit à MONSEIGNEUR LE DAUFIN & à la jeune Noblesse de s'exercer à des Jeux Militaires, pour donner des preuves de leur addresse en un magnifique Carrousel de huit Quadrilles, le ROY qui méditoit depuis long-temps, d'ôter de son Royaume la diversité de Religion, & d'éteindre les restes de l'Hérésie, dont il sappoit peu à peu les fondemens par un grand nombre d'Edits, revoqua enfin celuy de Nantes de 1598. & celuy de Nismes de 1629. que les difficultez des temps avoient contraint d'accorder sous les Régnes précédens. Le serment que le ROY avoit fait à son Sacre, & l'amour de la Religion en furent les seuls motifs, & toutes les raisons de Politique qui pouvoient le détourner d'une entreprise, dont les suites paroissoient dangereuses pour le repos de l'Etat, & les jalousies de ses Voisins, ne purent l'emporter sur la résolution qu'il avoit prise de purger ses Etats d'une Hérésie qui avoit été le levain & la source fatale de tant de rebellions sous les Rois ses prédécesseurs. C'est ce qui a donné lieu à Monsieur Bastide de faire un Panegyrique du ROY, où il le compare à Josué qui fut *si grand & par le nom qu'il portoit, & plus grand encore par les choses qu'il fit pour le salut du peuple de Dieu, ayant défait les ennemis qui s'opposoient au rétablissement d'Israël dans son héritage.*

Monsieur l'Evêque d'Amiens publia aussi un Panegyrique à la gloire de LOUIS LE GRAND, pour reconnoître la protection qu'il donnoit au Clergé de France & à la Religion, comme FILS AINÉ DE L'EGLISE, & Monsieur de Callieres ayant presenté à Messieurs de l'Académie Françoise un Panegyrique historique de SA MAJESTÉ, mérita pour recompense de son travail, d'être reçû dans cette Compagnie par les suffrages de tous les Académiciens si justes estimateurs de tous les Ouvrages d'esprit.

J'ay representé ce zéle du ROY par des Emblemes & des Devises, & comme l'Histoire des Machabées nous apprend que ces généreux Défenseurs de la Religion de leurs Peres, ornerent la face du Temple de boucliers & de guirlandes de fleurs, j'ay élevé un Temple à la Religion du ROY, décoré d'Ecussons & de Couronnes remplies des principaux Edits qu'il a rendus sous son Regne en faveur de la Religion, & les Assemblées du Clergé, dont les sages & vives remontrances n'ont pas peu contribué à l'exécution d'un si grand dessein, pour lequel tous les Prelats & tous les Ecclésiastiques ont donné tous leurs soins à ramener les esprits de ceux que les malheurs des temps, & les exemples de leurs Ancêtres avoient engagez dans l'erreur.

Monsieur de Pommereu Conseiller d'Etat ordinaire & Prevôt des Marchands de la ville de Paris, ne se contentant pas d'avoir fait graver sur le marbre en caractéres d'or les principaux Evenemens de la vie du Roy, dans la cour de l'Hôtel de Ville, passa un Contrat avec l'Université pour la fondation d'un Panegyrique du Roy qui doit être prononcé chaque année à perpétuité le 15. de May premier jour de l'Avenement à la Couronne. Le Recteur de l'Université le prononça la premiere fois l'an 1685. & fit l'invitation avec une douzaïne de Devises à l'honneur du Roy & de la Ville de Paris.

L'Académie de Peinture, de Sculpture & de Gravure qui ne contribuë pas moins à la gloire d'un Régne si fertile en grands Evenemens, ordonna aussi que ceux qui voudroient y être reçûs, recevroient un sujet des Actions héroïques du Roy, qu'ils traiteront en figures allegoriques; & le Roy, pour former plusieurs de ses Sujets en ces beaux Arts, aprés avoir fait mouler la Colonne Trajanne, les plus belles Statuës, & les plus excellens Bas-reliefs de Rome, pour servir à l'Etude des jeunes gens dans Paris, a établi à Rome une Académie où ces jeunes gens qui ont commencé à apprendre à dessiner, à peindre & à modeler, sont envoyez aux frais de Sa Majesté, nourris & entretenus avec des Maîtres, qui prennent soin de leurs études.

Messieurs Le Brun, Errard, Bourdon, De la Hire, Sarrazin, Corneille, Perrier, De Beaubrun, Le Sueur, Juste d'Egmont, Vanpostat, Du Garnier, Vanmol, Ferdinand, Boulogne, Mauperché, Hans, Testelin l'aîné, Gerard Gosin, Pinage, Besnard, & De Séve l'aîné commencerent cette Académie les premieres années de ce Régne, qu'ils rendront celebre à la Posterité par les beaux Ouvrages qu'ils ont faits pour Sa Majesté. Les Peintres qui s'y sont distinguez outre les Précédens, sont Messieurs Coypel, Paillet, Blanchard, De la Fosse, Hoüasse, Jouvenet, Montagne, Monier, Stella, Verdier, Licherye, De Namur. Les Sculpteurs, Messieurs Anguier, Girardon, Desjardins, Buister, Buiret, Regnaudin, Le Hongre, Coysevoz, Tuby, Raon, Massou, &c. Ainsi comme j'ay entrepris d'écrire l'Histoire du Régne par les Monumens publics, la Postérité sera bien aise d'aprendre les mains qui auront fait ces Monumens, & travaillé à rendre immortelles les Actions héroïques de Louis le Grand dans tous ces Ouvrages publics.

L'établissement des Seminaires de la Marine à Brest, à Rochefort, & à Toulon, sont d'autres fruits de la Piété du Roy, comme le Pont Royal bâti auprés des Tuilleries, est un effet des soins qu'il donne au bien de ses sujets.

Ce fut dans cette même vûë qu'il donna aux Païs qu'il avoit conquis dans la Flandre, le Brabant & le Hainaut, de nouvelles espéces de Monnoyes d'argent, marquées d'un Ecu écartelé de France au 1. & 4. quartiers, au 2. de Bourgogne moderne, & au dernier de Bourgogne ancien.

C'est la premiere fois que nos Rois ont écartelé leurs Armoiries de celles des Fiefs mouvans de droit de leur Couronne, ne l'ayant jamais fait que pour les Païs étrangers

nouvellement

LA VILLE DE PARIS est Representée en cette
Medaille Paisible Heureuse et Abondante sous un
Regne qui fait LA FELICITE PVBLIQVE

nouvellement annexez, & auparavant indépendans comme le Dauphiné, la Navarre,
Naples, Sicile, le Bearn, la Catalogne, le Roussillon, le Milanois, &c. D'ailleurs le
quartier de Bourgogne moderne étant une brisure de Puisnez & de Cadets de la Maison de France, ne devoit pas être joint aux Armes pleines du Royaume, comme jamais Orleans, Bourbon, Artois & Berry n'y ont été joints, mais seulement Anjou,
depuis qu'il etoit devenu l'Armoirie propre du Royaume de Naples.

Monsieur de Villeroy Secretaire d'Etat écrivit l'an 1603. à Monsieur de
Bethune Ambassadeur pour le Roy à Rome, *que nous n'avons accoûtumé en
ce Royaume d'écarteler en nos Sceaux & Cachets les Armes de France, ni aux
Expéditions & Lettres Royales. Que cela se pratique seulement aux Expéditions
qui se font en Bearn & Navarre. Qu'aux Ecussons des Armoiries de Sa Majeté,
celuy de France a toûjours gardé sa prérogative, comprenant en soy toutes les
Provinces Unies & obéïssantes à la Couronne.*

La réputation des grandes Actions du Roy luy attire des Admirateurs CXXVIII.
des extrémitez de la Terre, & de celebres Ambassades accompagnées de ra- Medaille.
res Presens, & se servant de ces occasions pour procurer à Dieu le culte & la
révérence qui luy est duë, il envoye des Missionnaires dans la Chine, dans
les Indes, & dans les Païs les plus reculez, pour y établir ou étendre la Religion Chrétienne.

Les Villes, les Communautez, & même des Particuliers luy dressent de CXXIX.
superbes Monumens. On découvre dans le Ciel de nouveaux Astres ausquels LXXVII.
on donne son nom.   CXVI.
Le 2. de Juin jour de la Pentecôte il fit Chevaliers de ses Ordres quatre Medailles
Princes de son Sang.

PHILIPPE D'ORLEANS, Duc de Chartres, Fils de MONSIEUR,
Frere Unique du ROY.

LOUIS DUC DE BOURBON, depuis en survivance du Duc d'Enguien son
Pere à present Prince de Condé, Grand Maître de France, & Gouverneur de
Bourgogne & de Bresse.

FRANÇOIS LOUIS DE BOURBON, Prince de Conti.

LOUIS AUGUSTE Legitimé de France, Duc du Maine, Colonel Général des
Suisses, Gouverneur du Languedoc.

Si une fâcheuse maladie oblige toute la France d'adresser des vœux au Ciel CXXX.
pour la conservation du meilleur de tous les Rois, elle a la joye de voir ses CXXXI.
vœux exaucez, & de rendre à Dieu de solennelles Actions de graces pour le Medailles
rétablissement d'une santé si précieuse.
A peine est-elle rétablie, qu'il honore de sa presence la Ville de Paris, CXXVII.
dont il a reconnu la fidélité & la piété, & aprés s'être acquitté des devoirs de CXXXII.
Religion dans l'Eglise de Nôtre-Dame, il va comme en triomphe au milieu Medailles
des acclamations publiques dîner dans l'Hôtel de Ville, avec toute la Mai- CXXXVII.
son Royale, servi par le Prevôt des Marchands, les Echevins, Officiers & Medaille.
Quarteniers de la Ville, qui pour conserver le souvenir de cet honneur, ont
fait élever dans la Cour de l'Hôtel de leurs Assemblés une Statuë de bronze

T

de Sa Majesté, & ont fait de ce Palais, qui a aujourd'huy pour Inscription : Sub Ludovico Magno Felicitas Orbis, un Capitole de Louis le Grand, en y mettant sur des Tables de marbre les Annales de sa Vie depuis l'an 1660. jusqu'à l'an 1690.

CXXXVI.
Medaille.
La Protection donnée au Roy d'Angleterre, & la Fondation de la Maison de S. Cyr pour l'éducation de trois cens jeunes Demoiselles, qui font preuve de leur Noblesse pour y être reçûës, sont des effets de la générosité de ce Prince, sur qui le Ciel ne cesse de répandre ses bénédictions, puisque Monseigneur le Daufin marchant sur les pas de son auguste Pere, a déja porté dans le sein de l'Allemagne la terreur de ses armes, & la gloire de son

CXXXV.
Medaille.
Nom par la prise de Philisbourg, de Spire, de Wormes, de Manheim, de Mayence, de Frankendal, de Neustat, de Creusnac, de Heidelberg, de Baccara, de Heilbron, de Binge, & d'Offenbourg qui furent les fruits de sa premiere Campagne, & les préludes des grandes Actions que nous promettent son courage, sa sagesse, sa vigilance & son application infatigable.

Le 30. de Décembre 1688. & le premier de Janvier de l'an 1689. le Roy voulant remplir le nombre des Chevaliers de ses Ordres, dont plusieurs étoient morts depuis la création de 1662. confera ces marques d'honneur à

Cesar Cardinal d'Estre'es, du Titre de la Trinité du Mont, Protecteur de Portugal, & Directeur des affaires de France à Rome, où il reçût le Cordon. Il étoit auparavant Evêque Duc de Laon, & Pair de France.

Pierre Cardinal de Bonzy, Archevêque de Narbonne, Président né des Etats de Languedoc, ci-devant Grand Aumônier de la Reine, & Ambassadeur à Venise, en Pologne, & en Espagne.

Charles Maurice le Tellier, Archevêque de Rheims, premier Pair de France, Conseiller d'Etat ordinaire, & Maître de la Chapelle de Musique du Roy.

Pierre du Cambout de Coislin, Evêque d'Orleans, premier Aumônier du Roy.

Louis Joseph Duc de Vendosme, d'Estampes, de Ponthieure, de Mercœur & de Beaufort, Prince d'Anet & de Marrigues, Pair de France, Gouverneur de Provence & Lieutenant Général des Armées du Roy.

Louis de Lorraine Comte d'Armagnac, de Brionne & de Charni, Pair & Grand Ecuyer de France, Grand Sénéchal de Bourgogne, Gouverneur d'Anjou, & des Villes & Châteaux d'Angers, & des Ponts de Cé.

Henry de Lorraine Comte de Brionne, reçû en survivance de la Charge de Grand Ecuyer de France, & du Gouvernement d'Anjou.

Philippe Prince de Lorraine.

Charles de Lorraine Comte de Marsan, Souverain de Bedeille, Sire de Pons, Prince de Mortagne, Baron de Miossens, &c. Seigneur d'Ambleville, &c.

Charles Belgique Hollande de la Tremoille, Duc de Touars, Pair de France, Prince de Tarente, Baron & Gouverneur de Vitré, Premier Gentilhomme de la Chambre du Roy.

EMANUEL DE CRUSSOL, Duc d'Uſez, Pair de France, Prince de Soyon, Comte de Cruiſol, d'Apcher, &c. Marquis de Florenſac, Baron de Levis, Seigneur d'Aſſier, Gouverneur de Xaintonge & Angoumois, & des villes de Saintes & Angoumois.

MAXIMILIEN PIERRE FRANÇOIS DE BETHUNE, Duc de Sully, Pair de France, Prince de Henrichemont & de Boisbelle, Marquis de Roſny, Gouverneur du Vexin François, & des villes de Mante, Meulan & Pontoiſe.

ARMAND JEAN DE VIGNEROT DU PLESSIS RICHELIEU, Duc de Richelieu & de Fronſac, Pair de France, Prince de Mortagne, Marquis du Pont de Courlay, cy-devant Chevalier d'honneur de Madame la Dauphine, & Général des Galéres.

FRANÇOIS DUC DE LA ROCHEFOUCAULT, Pair de France, Prince de Marſillac, Grand Maître de la Garderobe du Roy, Grand Veneur de France, Marquis de Guercheville, Comte de la Rocheguyon, de Liancourt, &c.

LOUIS DE GRIMALDI, Prince de Monaco, Duc de Valentinois, Pair de France.

FRANÇOIS ANNIBAL D'ESTRE'ES DE LAUZIERES, Duc d'Eſtrées, Pair de France, Marquis de Cœuvres, de Themines, & Comte de Nantueil, Gouverneur de l'Iſle de France, & des villes de Laon, Noyon, Soiſſons, &c.

ANTOINE CHARLES DUC DE GRAMONT, Pair de France, Souverain de Bidache, Gouverneur de Navarre, de Bearn, de la Ville & Citadelle de Bayonne & de S. Jean Pié de Port.

ARMAND CHARLES DE LA PORTE MAZARINI, Duc de Rhetelois Mazarin, de la Milleraye & de Mayenne, Pair de France, Prince de Châteaupoirier, Comte de la Fere & de Marle, Grand Bailli d'Haguenau, Gouverneur d'Alſace, ci-devant Grand Maître de l'Artillerie.

FRANÇOIS DE NEUFVILLE, Duc de Villeroy & de Beaupreau, Pair de France, Gouverneur de Lyon & des Païs Lyonnois, Forets & Beaujolois, Lieutenant Général des Armées du Roy.

PAUL DE BEAUVILLIERS, Duc de S. Aignan, Pair de France, Premier Gentilhomme de la Chambre du Roy, Chef du Conſeil Royal de ſes Finances, Gouverneur de Monſeigneur le Duc de Bourgogne, Gouverneur & Lieutenant Général du Havre de Grace & Païs en dépendans, Capitaine & Gouverneur des villes de Loches & Beaulieu.

HENRY FRANÇOIS DE FOIX DE CANDALE, Duc de Randan, Pair de France, Prince Capital de Buch, Marquis de Senecey, Comte de Fleix & de Beaufremont.

LOUIS POTIER, Duc de Geſvres, Pair de France, Premier Gentilhomme de la Chambre du Roy, Gouverneur & Lieutenant Général de la Ville, Prevôté & Vicomté de Paris, Gouverneur du Valois, & du Château de Monceaux, ci-devant Capitaine des Gardes du Corps.

ANNE JULES DUC DE NOAILLES, Pair de France, Premier Capitaine des Gardes du Corps du Roy, Gouverneur de Rouſſillon, Conflans & Cerdagne, des Villes, Château & Citadelle de Perpignan, Commandant en chef en Languedoc.

ARMAND DU CAMBOUT, Duc de Coiſlin, Pair de France, Comte de Crecy, Baron de Pontchaſteau, & de la Roche-Bernard, &c.

AUGUSTE DE CHOISEUL DU PLESSIS PRASLIN, Duc de Choiſeul, Pair de France, Comte du Pleſſis, Lieutenant Général des Armées du Roy, ci-devant Premier Gentilhomme de la Chambre de MONSIEUR Frere Unique du Roy, & Gouverneur de Toul.

LOUIS MARIE D'AUMONT DE ROCHEBARON, Duc d'Aumont, Pair de France, Marquis de Villequier, d'Ifle, &c. Baron de Chapes, Premier Gentilhomme de la Chambre du Roy, Gouverneur de Bologne & du Boulonnois, ci-devant Capitaine des Gardes du Corps.

FRANÇOIS HENRY DE MONTMORENCY, Duc de Piney-Luxembourg, Pair de France, Prince d'Aigremont & de Tingry, Comte de Bouteville, &c. Maréchal de France, Capitaine des Gardes du Corps du Roy, Gouverneur de Champagne & Brie, & depuis de la Normandie.

FRANÇOIS D'AUBUSSON DE LA FEUILLADE, Duc de Roanez, Pair de France, Colonel du Regiment des Gardes Françoises, Maréchal de France, Gouverneur du Dauphiné.

CHARLES HONORE' D'ALBERT, Duc de Chevreufe, Pair de France, Capitaine Lieutenant des Chevaux-legers de la Garde du Roy, depuis fon pere luy ayant cedé le Duché de Luines, il a pris un rang superieur à celui-cy.

BERNARDIN GIGAUT, Marquis de Bellefons, Maréchal de France, Premier Ecuyer de Madame la Daufine.

LOUIS DE CREVANT, Marquis de Humieres, Maréchal de France, Gouverneur de Lille, Grand Maître, Capitaine Général de l'Artillerie de France, Gouverneur des Citadelle de Lille, Ville & Château de Compiegne.

JACQUES HENRY DE DURFORT, Duc de Duras, Pair de France, Capitaine des Gardes du Corps du Roy, Gouverneur du Comté de Bourgogne, Ville & Citadelle de Befançon.

GUY ALPHONSE DE DURFORT, Comte de Lorge & de Quintin, Vicomte de Pommery, Maréchal de France, & Capitaine des Gardes du Corps du Roy.

ARMAND DE BETHUNE, Duc de Charoft, Pair de France, & Lieutenant Général en Picardie, Gouverneur des Ville & Citadelle de Calais, & du Fort de Nicolaï, ci-devant Capitaine des Gardes du Corps du Roy.

JEAN COMTE D'ESTRE'ES & de Tourpes, Premier Baron du Boulonnois, Vice-admiral de France, Maréchal de France, & Viceroy de l'Amérique.

CHARLES DUC DE LA VIEUVILLE, Pair de France, Gouverneur de Poitou, Chevalier d'honneur de la Reine, Gouverneur de Monfeigneur le Duc de Chartres.

JEAN BAPTISTE DE CASSAGNET, Marquis de Tilladet, Lieutenant Général des Armées du Roy, Capitaine des cent Suiffes de la Garde du Roy.

LOUIS DE CAILLEBOT, Marquis de la Salle & de Montpinfon, Baron de Renancourt, Villemur & Premont, Maître de la Garderobe du Roy.

JACQUES LOUIS DE BERINGHEN, Comte de Chafteauneuf & du Pleffis Bertrand en Bretagne, Gouverneur des Citadelles de Marfeille, Premier Ecuyer de Sa Majefté.

PHILIPPE DE COURSILLON, Marquis de Dangeau, Comte de Mefle, Baron de S. Hermine, &c. Gouverneur de Touraine & de la Ville de Tours, Chevalier de Madame la Daufine.

PHILIBERT COMTE DE GRAMONT, Seigneur de Semeac, d'Hibos & Sauroville, Gouverneur du Païs d'Aunis & de la Rochelle.

LOUIS FRANÇOIS MARQUIS DE BOUFFLERS, Colonel Général des Dragons, Lieutenant Général des Armées du Roy, Gouverneur Général de la Lorraine & du Luxembourg, depuis Colonel du Regiment des Gardes Françoises.

FRANÇOIS

FRANÇOIS DE HARCOURT, Marquis de Beuvron & de la Mailleraye, Comte de Sezanne, Lieutenant Général en Normandie, & Gouverneur du vieux Palais de Roüen.

HENRY DE MORNAY, Marquis de Montchevreuil, Capitaine & Gouverneur de S. Germain en Laye.

EDOUARD FRANÇOIS COLBERT, Comte de Maulevrier, Lieutenant Général des Armées du Roy, Gouverneur de Tournay, ci-devant Capitaine Lieutenant des Mousquetaires du Roy.

JOSEPH DE PONS, Baron de Monclar, Lieutenant Général des Armées du Roy, Meſtre de Camp de la Cavalerie-legere de France, Grand Bailli de Haguenau, & Commandant en Allace.

HENRY CHARLES SIRE DE BEUMANOIR, Marquis de Lavardin, Lieutenant Général en Haute & Baſſe Bretagne, Ambaſſadeur extraordinaire à Rome.

PIERRE MARQUIS DE VILLARS, Conſeiller d'Etat d'Epée, Commandant dans Beſançon, Envoyé Extraordinaire en Eſpagne, & Ambaſſadeur en Savoye & en Dannemarch.

FRANÇOIS ADHEIMAR DE MONTEIL, Comte de Grignan, Lieutenant Général en Provence.

CLAUDE COMTE DE CHOISEUL DE FRANCIERES, Gouverneur de Langres, Lieutenant Général des Armées du Roy, Gouverneur de S. Omer.

JACQUES MARQUIS DE MATIGNON, Lieutenant Général en Baſſe Normandie, Gouverneur de Cherbourg, de Granville, de S. Lo, & de l'Iſle de Chauz.

JEAN ARMAND DE JOYEUSE, Lieutenant Général des Armées du Roy, Gouverneur de Nancy.

FRANÇOIS DE CALVO, Lieutenant Général des Armées du Roy, & Gouverneur de la ville d'Aire.

CHARLES COMTE D'AUBIGNÉ, Gouverneur de Cognac, puis d'Aiguemortes, depuis de la Province de Berry.

CHARLES DE MONTSAULNIN, Comte de Montal, Lieutenant Général des Armées du Roy, Gouverneur de Mont Royal.

CLAUDE DE THIARD, Comte de Biſſy, Gouverneur d'Auſſonne, Lieutenant Général des Armées du Roy, & Lieutenant Général en Lorraine.

ANTOINE RUZÉ, Seigneur & Marquis d'Effiat, de Chilly, de Longjumeau, Gouverneur de Montargis, Premier Ecuyer & Grand Veneur de Monſieur, Frere unique du Roy.

FRANÇOIS COMTE DE MONTBRON, Lieutenant Général des Armées du Roy, Gouverneur de Cambray, ci-devant Capitaine, Lieutenant de la Compagnie des Mouſquetaires du Roy.

PHILIPPE AUGUSTE LE HARDY, Seigneur Marquis de la Trouſſe, Capitaine Lieutenant des Gendarmes Dauphins, Lieutenant Général des Armées du Roy, Gouverneur d'Ipres.

FRANÇOIS DE MONETAY, Marquis de Chaferon, Gouverneur de Breſt, Lieutenant Général des Armées du Roy, Lieutenant Général en Rouſſillon.

BERNARD DE LA GUICHE, Comte de S. Geran, Lieutenant Général des Armées du Roy, Colonel Lieutenant du Regiment d'Anjou.

V

François d'Escoubleau de Sourdis, Baron de Gaujac & d'Estillac, Lieutenant Général des Armées du Roy.

Philippe Emanuel Ferdinand François de Croy, Comte de Solre & de Burne, Seigneur de Condé, Brigadier des Armées du Roy, Colonel d'un Regiment d'Infanterie.

André de Bethoulat de la Cossade, Comte de la Vauguion, Marquis de S. Megrin, Baron de Toneins, Villeton, Grateloup, Varaignes, Fourmanteau, Conseiller d'Etat d'Epée, ci-devant Ambassadeur en Espagne, &c.

Georges de Monchy, Marquis d'Hoquincourt, Lieutenant Général en Picardie, Gouverneur de Peronne & de Roye, Lieutenant Général des Armées du Roy.

Olivier de S. George de Verac, Marquis de Couhé, Baron de la Roche des Bois, & du Châteaugarnier, Lieutenant Général & Commandant pour le Roy en Poitou.

René Martel, Comte d'Arsi, Ambassadeur en Savoye, ci-devant Mestre de Camp du Regiment de Conti.

Alexis Henry Maximilien de Chastillon, Seigneur de la Rambaudiere, Chanleville, la Cretiniere, Noison & Lannois, Premier Gentilhomme de la Chambre de Monsieur, Frere Unique du Roy.

Nicolas Chalon du Blé, Marquis d'Uxelles & de Cormatin, Lieutenant Général au Bailliage de Chalon en Bourgogne, Gouverneur de la ville de Chalon, Colonel Lieutenant du Regiment Daufin, Lieutenant Général des Armées du Roy.

René de Froulay, Comte de Tessé créé par le Roy, Mestre de Camp Général, depuis Colonel des Dragons, Gouverneur d'Ipres, Lieutenant Général du Maine, Perche & Laval.

Charles de Mornay, Marquis de Villarceaux, Capitaine Lieutenant des Chevaux-legers de Monseigneur.

Charles d'Estampes, Marquis de Mauny, la Ferté Imbauld, &c Capitaine des Gardes de Monsieur Frere Unique du Roy, ci-devant Chevalier d'honneur de Madame.

Hiacinte de Quatrebarbes, Seigneur & Marquis de la Rongere, Comte de S. Denis du Maine, Chevalier d'honneur de Madame, Duchesse d'Orleans.

Jean d'Audibert, Comte de Lussan, Premier Gentilhomme de la Chambre de Son Altesse Serenissime Monseigneur le Prince de Condé.

Le 29. May 1689. le R O Y donna le Cordon bleu à

Messire Toussaint de Forbin de Janson, Evêque & Comte de Beauvais, Vidame de Gerberoy, Pair de France, depuis Cardinal.

OFFICIERS DE L'ORDRE
sous ce Régne.

GRANDS AUMONIERS.

ANTOINE CARDINAL BARBERIN, Grand Aumônier de France & de l'Ordre en 1653. Archevêque Duc de Rheims, Premier Pair de France, Neveu du Pape Urbain VIII.

EMANUEL THEODOSE DE LA TOUR D'AUVERGNE CARDINAL DE BOUÏLLON, Grand Aumônier de France & de l'Ordre en 1671. à present Cardinal Evêque d'Albano.

CHANCELIERS
& Gardes des Sceaux.

LOUIS LE BARBIER, Abbé de la Riviere, Chancelier & Garde des Sceaux de l'Ordre, Grand Aumônier de la Reine, depuis Evêque Duc de Langres, Pair de France.

ABEL SERVIEN, Marquis de Sablé, Ministre d'Etat, Sur-intendant des Finances, Plénipotentiaire pour la Paix à Munster, Garde des Sceaux de l'Ordre, dont il fit les fonctions au Sacre du Roy, depuis Chancelier de l'Ordre en 1654.

BASILE FOUQUET. Abbé de Barbeaux, Chancelier de l'Ordre en 1656.

HENRY DE GUENEGAUD, Marquis de Plancy, Seigneur du Plessis & de Fresne, Secretaire d'Etat, Garde des Sceaux de l'Ordre en 1656.

LOUIS FOUQUET, Evéque & Comte d'Agde, Chancelier de l'Ordre en 1659.

HARDOUÏN DE PEREFIXE DE BEAUMONT, Evêque de Rodez, Précepteur du Roy, Chancelir de l'Ordre en 1661. depuis Archevêque de Paris.

FRANÇOIS MICHEL LE TELLIER, Marquis de Louvois & de Courtenvaux, Ministre & Secretaire d'Etat, Sur-intendant des Bâtimens du Roy, des Postes & Relais de France, Grand Vicaire Général de l'Ordre de Nôtre-Dame du Mont Carmel, & de S. Lazare, Chancelier de l'Ordre en 1671.

LOUIS BOUCHERAT, Chancelier de France, & des Ordres du Roy en 1681. Seigneur de Compans.

LOUIS FRANÇOIS LE TELLIER, Marquis de Barbesieux, Secretaire d'Etat, Chancelier des Ordres du Roy.

PREVOSTS & MAISTRES
des Cérémonies.

HUGUES DE LIONNE, Marquis de Fresne, Seigneur de Berni, Ministre & Secretaire d'Etat, Prevôt & Maître des Cérémonies.

Eugene Rogier, Comte de Villeneuve & de la Chapelle, Marquis de Kevreno & de Cuſſé, en 1657.

Mace' Bertrand, ſieur de la Baſiniere, Conſeiller du Roy en ſes Conſeils, Baron de Vouvant, Treſorier de l'Epargne.

Jean Jacques de Mesmes, Comte d'Avaux & de Neufchaſtel, Seigneur de Cramoiel, Preſident à Mortier au Parlement de Paris, 1671.

Antoine de Mesmes, Comte d'Avaux, Conſeiller d'Etat, Ambaſſadeur à Veniſe, Plenipotentiaire pour la Paix à Nimegue, Ambaſſadeur en Hollande, reçû en ſurvivance de ſon frere à cette Charge en 1683.

TRESORIERS.

Michel le Tellier Secretaire, puis Miniſtre d'Etat, Treſorier de l'Orſre en 1653. depuis Chancelier & Garde des Sceaux de France.

Jerôme de Nouveau, Baron de Lignieres, Seigneur de Fromont, Sur-intendant Général des Poſtes en 1654.

Jean Baptiste Colbert, Miniſtre & Secretaire d'Etat, Contrôlleur Général des Finances, Sur-intendant & Ordonnateur Général des Bâtimens, Arts & Manufactures en 1665.

Jean Baptiste Colbert, Marquis de Segnelay, &c. Secretaire d'Etat, Chef & Directeur de la Compagnie des Indes Orientales & Occidentales en 1685.

Charles Colbert, Chevalier, Marquis de Croiſſy, Miniſtre & Secretaire d'Etat, Preſident à Mortier au Parlement de Paris.

GREFFIERS.

Noel de Bulion, Seigneur de Bonelles, Baron de Galardon, Conſeiller d'honneur au Parlement, Greffier de l'Ordre en 1643. au commencement du Regne.

Nicolas Potier, Seigneur de Novion, Preſident au Parlement de Paris, depuis Premier Preſident au même Parlement.

Nicolas Jeanin de Castille, Marquis de Monjeu, Treſorier de l'Epargne, en 1657.

Pierre Balthasar Phelypeaux, Seigneur de la Vriliere, Marquis de Chateau-Neuf, Comte de S. Florentin, Secretaire d'Etat, 1671.

La Ligue d'Auſbourg où toutes les Puiſſances de l'Europe ſe liguerent contre la France, pour favoriſer l'attentat du Prince d'Orange Uſurpateur des Royaumes d'Angleterre, Ecoſſe & Irlande ſur le Roy ſon Beaupere, n'a ſervi qu'à faire paroître avec plus d'éclat la ſageſſe, la fermeté, la valeur & la généroſité du Roy. Tous les grands deſſeins de toutes ces Forces unies pour envahir la France, & pour la perdre, en relevent tous les jours la gloire par les ſuccés continuels de nos Armes Victorieuſes que le Roy a commandées en perſonne aux Siéges de Mons & de Namur.

Monseigneur le Daufin, aprés avoir rendu les derniers devoirs à ſon Epouſe, qu'une longue maladie lûy enleva le 20. d'Avril 1690,

alla

M. le 1er Cardinal d'Estrées
M. le 2e Cardinal de Bonzy
M. l'Archevêque de Reims
M. l'Évêque d'Orléans
M. le Duc de Vendôme
M. le Grand
M. de Brionne
M. le Chevalier de Lorraine
M. le Comte de Marsan
M. le Duc de la Trimouille
M. le Duc d'Elœuf
M. le Duc de Sully
M. le Duc de Richelieu
M. le Duc de la Rochefoucault
M. le Prince de Monaco
M. le Duc d'Estrées
M. le Duc de Grammont
M. le Duc Mazarin
M. le Duc de Villeroy
M. le Duc de Bouillon
M. le Duc de Foix
M. le Duc de Gesvres
M. le Duc de Noailles
M. le Duc de Coaslin

M. le Duc de Choiseüil
M. le Duc L'Aumont
M. le Duc de Luxembourg
M. le Duc de la Feüillade
M. le Duc de Chevreuse
M. le Maréchal de Bellefond
M. le Maréchal d'Humières
M. le Maréchal de Duras
M. le Maréchal de Lorges
M. le Duc de Bethunes
M. le Maréchal d'Estrées
M. le Duc de la Vieuville
M. le Marquis de Tilladet
M. le Marquis de la Salle
M. le Premier fils
M. le Marquis de d'Anjau
M. le Comte de Gramont
M. le Marquis de Bouflers
M. le Marquis de Bouron
M. le Marquis de Montehenroüil
M. le Comte de Montausier
M. de Montclar
M. le Marquis de Lavardin
M. le Marquis de Villars-père

M. le Comte de Grignan.
M. le Comte de Choiseul.
M. le Comte de Matignon.
M. le Marquis de Joyeuse.
M. de Calue.
M. d'Aubigny.
M. de Montal.
M. le Comte de B. J.
M. le Marquis Dossat.
M. de Montbron.
M. de la Trousse.
M. de Chaseron.
M. le Comte de Saint Geran.
M. le Sourdis.
M. le Comte de Sebre.
M. le Comte de la Vauguion.
M. le Marquis d'Hocquincour.
M. le Marquis de Verac.
M. le Marquis Darcy.
M. de Chatillon.
M. le Marquis d'Huxelles.
M. de Tessé.
M. le Marquis de Villarceaux fils.
M. le Marquis d'Estampes.
M. de la Rongere.
M. de Lassac.

alla s'oppofer à toutes les Forces du Nort qui venoient fur le bord du Rhin ,
pour chercher à fe faire des paffages & des entrées dans nos Provinces ; mais
la fage prévoyance du Roy avoit prévenu leurs efforts , en confiant le foin
de fes Troupes à ce digne Fils , qui , à l'exemple de Fabius fi célebre parmi
les Romains , diffipa ces nombreufes Armées , fans leur donner de combat ,
faifant fubfifter la fienne fur les Terres des Ennemis , qui n'oferent pas l'attaquer.

Quelques Jettons nous reprefentent les fuccés des armes du Roy & de
Monseigneur le Daufin.

En un de 1691 Vulcain fabrique des Armes pour le Mars des François ,
avec ces mots :

NOVA TELA MINISTRAT.

Un bras foudroye Philifbourg : UNI CREDIDIT ARMA.   JETTON 68.

Jupiter à fon Fils a confié fa Foudre.

En un autre , la Foudre tombe fur une Ville , avec ces mots :   JETTON 69.

TONANTEM CREDIDIMUS JOVEM

On a crû que c'étoit Jupiter qui tonnoit.

La Foudre qui tombe fur des Rochers , fur la Mer & fur les Campagnes.

MANUS UNICA TORQUET.

C'eft de la même Main que partent tous ces Foudres.

C'eft pour apprendre que le Roy eft l'ame de toutes fes Armées partagées en tant de Corps , & victorieufes en tant de lieux différens.

Les Geans foudroyez : FULMEN MERUERE SECUNDÙM.

Les Hollandais dignes d'être punis une feconde fois.

Neptune lançant fon Trident fur les flots :

FRANGIT TUMIDOS STERNITQUE REBELLES.

Il punit leur revolte, &) brife leur orgueil.

Nous avons auffi les Médailles de la prife de Mons, de Nice & de Namur,
des Batailles de Flerus , de Leufe , de Bevefen , de Steinkerke , &c. & des dernieres Actions qu'a décrites en beaux Vers Latins le P. Commire , qui eft depuis plus de vingt ans l'Horace de nôtre Augufte dans un Collége qui à jufte
titre eft appellé le Collége de Louis le Grand , puis qu'on n'a ceffé
dans ce Collége depuis l'an 1638. qui fut l'année de la Naiffance du Roy,
de celebrer tous les ans dans les Actions les plus folennelles, les grands Evenemens de fon Régne.

Le P. Petau celebra fa Naiffance par un Poëme , dont le Titre étoit : *Gene-* 1638.
    thliacum fatum Delphini.

X

1639. Le P. Vavasseur, l'Horoscope du Daufin sous ce Titre : *Delphini horoscopus. Astrum Ludovicus XIII. Aspectus duplex, alter Regis, alter Patris.*

1640. Le P. Zoccoly, *Primus annus Delphini.*

1641. Le P. Le Brun, *Nova Gallia Delphino.*

1642. Le P............ *Xenia Delphino.* Prose & Vers.

L'an 1643. on commença cette année la distribution des Prix sous ce Titre :

EX MUNIFICENTIA LUDOVICI XIV. *REGIS CHRISTIANISSIMI.*

1645. Le P. Cossart prit pour sujet de sa Harangue, Que le Régne de Louis XIV. seroit un Régne de Prodiges & de Miracles. *Ludovici XIV. Regnum Miraculis & Prodigiis fore Plenissimum.*

1648. Le P. Labbe commença l'Edition des Auteurs de l'Histoire Byzantine dans l'Imprimerie Royale sous les auspices du Roy, & publia un Projet qui avoit pour Titre : *De Byzantinæ Historiæ Scriptoribus sub felicissimis Ludovici XIV. Francorum ac Navarræorum Regis Christianissimi auspiciis, publicam in lucem è Luparea Typographia emittendis, ad omnes per Europam eruditos protrepticon.*

Aprés la cessation des Troubles, le P. Cossart fit le Panegyrique du Roy Victorieux & Pacifique : *Victori Pacifero.*

1656. Le P. Valoigne, le Panegyrique du Roy.

1659. Le P. Dozenne, *Pro gemino Pacis & Conjugii fœdere.* Pour la double Alliance de la Paix & du Mariage.

1660. Le P. D. Harouis, le Panegyrique de la Reine Marie Therese, & le Ballet du Mariage du Lys & de l'Impériale.

1661. Le P. Boucher, le Panegyrique de Monseigneur le Daufin.

1662. Le P. Dozenne, Le Roy gouvernant par lui-même : *Pro suscepta per se Regni administratione.*

1663. Le P. De la Bretonniere, *Regnum Delphini.*

1666. Le P. Parthevaux, l'Oraison Funébre de la Reine Mere.

1667. Le P. De la Rüe, *Post expeditionem Belgicam Epinicion.*

1668. Mr le Marquis de Segnelay dédia au Roy une These en laquelle Hercule remettoit sa Massuë à Sa Majesté, & luy laissoit le Globe du monde à porter. Le P. De la Bretonniere fit un Poëme Latin sur cette These, dont le Titre étoit : *Hercules Gallicus.* Il y a aussi une Médaille avec cette Inscription du côté de la Tête : Hercules Gallorum Augustus. Au revers est Hercule, avec ces mots : Quantos minimoque labore labores?

Le P. Du Pont, Que le Titre de Protecteur des Arts liberaux étoit préférable à tous les autres Titres qu'on pouvoit donner au Roy : *Liberalium Artium Patroni Titulum cæteris Ludovici XIV. nominibus anteponendum.* 1671.

Le P. Le Trosne, Le Roy victorieux des Hollandois : *Batavorum Victori.* 1672.

Le P. Dorleans, sur le Titre de Grand donné au Roy : *Ludovico Magno.* 1673.

Le P. Lucas, De la perpétuité de l'Empire François, & combien ont contribué à établir cette Gloire promise par tant d'Oracles, la Sagesse, la Valeur, la Piété, & les autres Vertus Royales de Louis le Grand : *De perpetuitate Regni Gallici, & quantum ad eam multis olim Oraculis promissam Ludovicus Magnus momenti attulerit.* 1674.

Le P. Carité, Les Victoires de la Franche-Comté : *Pro debellata Burgundia.* 1675.

Le P. Lucas, De la préférence de la Langue Latine pour l'Inscription de l'Arc de Triomphe du Roy. 1676.

Le P. Le Caron, *LUDOVICO MAGNO de Valentianis Cameraco & Audomaropoli expugnatis Picardiæ Eucharisticum.* 1677.

Le P. La Rüe, *Pro confecto feliciter bello Panegyricus*, avec Décoration, & des Inscriptions dans la Sale. 1678.

Le P. Jouvency, Que la Flandre ne peut être heureuse qu'elle ne soit toute Françoise : *Flandriam nisi tota Gallica sit felicem esse non posse.* 1679.

Le P. Jouvency, *LUDOVICO MAGNO Catholicæ & avitæ Religionis Vindici.* 1680.

COLLEGII Parisiensis SOCIETATIS JESU *Festi plausus ad Nuptias* Ludovici Galliarum Delphini. 1681.

Le Collége fit une Fête solennelle pour la Naissance de Monseigneur le Duc de Bourgogne, avec Décoration & Feu d'artifice, dont la Machine representoit le Mont Claros, Illumination & Oraison Latine sur la Naissance de ce jeune Prince. 1682.

Le P. Jouvency, l'Oraison Funébre de la Reine, avec Décoration & distribution de Prix. 1683.

Le P. De la Baune, *LUDOVICO MAGNO Liberalium Artium Parenti ac Patrono Munificentissimo*, avec décoration de la Sale. 1684.

LA FRANCE victorieuse sous Louis le Grand, Sujet du Ballet qui accompagnoit la Tragédie pour la distribution des Prix. 1685.

Le P. Quartier, De l'extinction de l'Hérésie : Ludovico Magno. *Pro extinctâ Hæresi.* Il y eut en même tems décoration de la Sale, avec des Inscriptions & des Devises par le P. Le Jay sous ce Titre : *Religioni sub* Ludovico Magno *Triumphanti. Avita Religio defensa, restituta, amplificata.* 1686.

1687. Le Collége publia un Recueil de Poësies sur le rétablissement de la Santé du Roy sous ce Titre : *Pro restituta* LUDOVICI MAGNI *Valetudine Musarum gratulatio.*

1690. Le P. JOUVANCY, Ce que la France doit attendre de l'Education de MONSEIGNEUR LE DUC DE BOURGOGNE sous les Exemples de MONSEIGNEUR LE DAUFIN son Pere , & du ROY son Ayeul: *Quid sibi Gallia de Serenissimi Burgundiæ Ducis institutione debeat polliceri.*

1691. Le P. D'EPINEUL, *Pugnantem pro* DEI *causâ* LUDOVICUM MAGNUM *stantem pro* LUDOVICO DEUM. Le Roy combattant pour les intérêts de Dieu , & Dieu se déclarant pour le ROY.

Tous les autres Colléges du Royaume ont fait de semblables Actions , dont plus de cent sont imprimées.

J'attens que les Médailles que l'on frappe actuellement, ou que l'on grave soient achevées, pour les donner avec une suite de deux cens Jettons historiques ; & que la Statuë de la Place où étoit l'ancien Hôtel de Vendôme , celle des Etats de Bretagne , de Lyon, de Dijon, & des autres Villes ayent été érigées dans les lieux où elles doivent être placées, pour les donner avec les Portes de S. Denis, de S. Martin, de S. Bernard , de S. Antoine ; les Statuës de Poitiers, de Caën, du Havre de Grace ; le Monument du Pont au Change pour le commencement du Régne ; la Statuë de l'Hôtel de Ville, & plus de deux cens Inscriptions sur les principaux Evenemens du Régne, qui feront la seconde Partie de cette Histoire.

Je laisse à Monsieur Fossard à ramasser tous les Spectacles , Fêtes , Ballets , Opéra, Feux d'artifices , Illuminations, Décorations, Entrées, Cavalcates , Carrousels , *&c.* qu'il recueille avec un travail immense pour enrichir le Cabinet du Roy de tout ce qui s'est fait depuis cinq ou six siécles dans toutes les Cours de l'Europe , & principalement dans celle de France.

FIN

De l'Imprimerie d'ANTOINE LAMBIN.

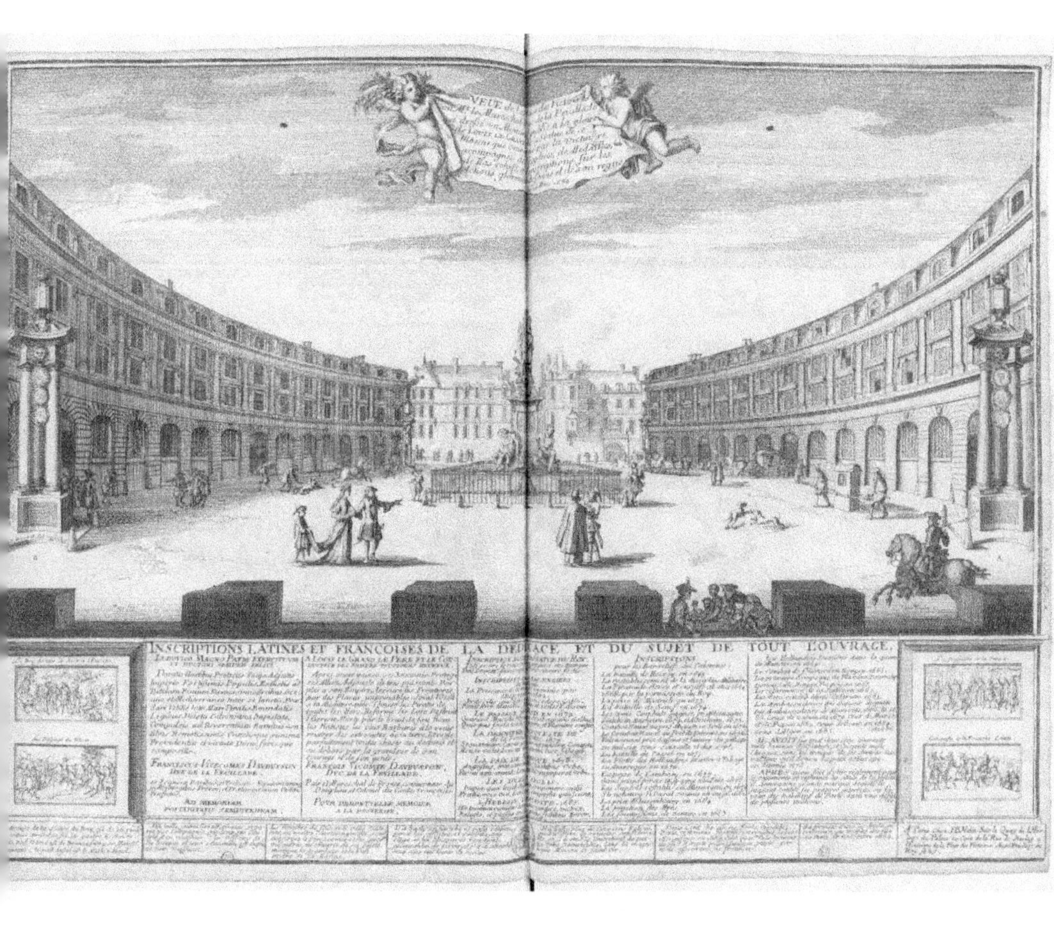

INSCRIPTIONS LATINES ET FRANÇOISES DE LA DEDICACE ET DU SUJET DE TOUT L'OUVRAGE.

LVDOVICVS MAGNVS FRANC: ET NAVAR: REX

M . DC . LXXXVII .

PERENNI
LVDOVICI MAGNI GLORIAE
PATRIAE ORNAMENTO
CONCIVIVM AMORI ET BENEVOLENTIAE
FRANCISCVS GIRARDON TRECENSIS
SCVLPTOR REGIVS
P . D . C .
Concientibus omnibus Trecensis urbis ordinibus
Plaudente Populo
Rege approbante

1. 2. la Naissance du Roy. 3. 4. la Vaillance de M.r 5. la Reine Mere Regente. 6. les Victoires de la Minorité du Roy
par les Allemans et les Espagnols et des Guerres Civiles, representées par un Ieune Hercule qui estouffe des Serpens. 7. le
Sacre. 8. Prise de Castre. 9. la Prise de Portelongone. 10. le Roy allant a la Guerre. 11. 12. 13. 14. les Victoires.
15. la Levée du Siege de Perone. 16. les Secours fournis par le Pierge. 17. 18. 19. la Paix de la Ville de Paris apres les
troubles. 20. la Majorité du Roy. 21. 22. 23. la Levée du Siege d'Arras. 24. le Retour du Roy a Paris. 25. la Prise
26. les Conferences pour la Paix dans l'Isle des Faisans. 27. la Paix et le Mariage. 28. Union des trois Estats
du Royaume. 29. 30. 31. le Mariage et l'Entrée de la Reine. 32. 33. la Naissance de Monseig.r 34. l'Alliance
des Suisses renouvellée. 35. l'Entrée du Legat.

DEVISES

POVR LE ROY

DEPVIS SA NAISSANCE IVSQVA SA MAJORITÉ

LE SOLEIL

1. SOIT DEVANT SOIT APRES TOVT EST MOINDRE QVE LVY.
2. QVEL SERA LE MIDY D'VN SI BEL ORIENT?
3. C'EST POVR LE BIEN PVBLIC QVIL SE LEVE.
4. DANS SON MIDY QVIL NOVS PAROITRA GRAND.
5. AVANT LES ARDEVRS LA LVMIERE.
6. ON NE VOIT PAS ENCOR CE QVIL SERA BIENTOT.
7. GRAND DES SON AVRORE.
8. QVELLES ARDEVRS N'EXCITERA T'IL PAS?
9. IL VA RENOVVELLER LE MONDE.
10. IL FAIT LA JOYE DV MONDE.
11. IL SVIT FIDELEMENT LE GVIDE QVI LE MENE.
12. TOVT EST HEVREVX DE SQV'ON A PV LE VOIR.
13. SES ACTIONS SONT AVTANT DE MIRACLES.
14. IL LES EFFACE TOVS.
15. TOVT LE MONDE A BESOIN DE MOY.
16. PLVS IL EST ATTENDV PLVS SA VENVE EST CHERE.
17. IL DONNE DE L'ECLAT A TOVT CE QVIL REGARDE.
18. PLVS DE VERTV QVE DE LVMIERE.
19. IL EST COMME LE DIEV DE CE MONDE VISIBLE.
20. AVX GRANDS COMME AVX PETITS EGALEMENT AIMABLE.
21. TOVT AVTRE ECLAT S'EFFACE DEVANT LVY.
22. COMBIEN EN CACHE T'IL?
23. PLVS POVR LE MONDE QVE POVR LVY.
24. RIEN DE PLVS GRAND RIEN DE SEMBLABLE A LVY.
25. AVTANT DE BONTE QVE D'ECLAT.
26. DE SES PROPRES RAYONS IL SCAIT SE COVRONNER.
27. LVY SEVL PEVT FAIRE VOIR CE QVIL A DE LVMIERE.
28. SON ECLAT LVY SVFFIT SANS EN CHERCHER AILLEVRS.
29. IL EN COVVRE PLVS QVIL N'EN MONTRE.
30. SANS POVVOIR L'OBSCVRCIR SANS POVVOIR L'ARRESTER.
31. SA VERTV QVAND IL FAVT SCAIT SE FAIRE PASSAGE.

POVR LA MAJORITÉ

32. *La Lune dans sa plenitude.* LE QVATORZIEME NOS ROYS SONT MAJEURS *quatorze ans comme la Lune est pleine à 14 jours.* LOVIS 14 *fait aussi toute la plenitude de la Gloire et de l'Eclat que la France peut avoir.*
33. *Le Soleil en son Midy.* IL A TOVT SON ECLAT TOVT EST PLEIN DE SA GLOIRE.
34. *Le Soleil levant et les estoiles qui disparoissent.* QVAND IL PAROIT TOVS LES ASTRES SE CACHENT.
35. *Le Soleil.* LVY SEVL AGIT ET LVY SEVL NOVS ECLAIRE.
36. *Le Soleil au milieu des brouillars.* IL N'EN PERDRA PAS VN RAYON.
37. *Le Soleil au milieu des brouillars.* CE QVI S'OPPOSE A LVY NOVS LE FAIT VOIR PLVS GRAND.
38. *Le Soleil dans le Zodiaque.* IL VA SON CHEMIN SANS RIEN CRAINDRE.
39. *Va teste Lion.* SA FORCE ET SON COVRAGE AVGMENTENT TOVS LES IOVRS.
40. *Le Soleil levant.* POVR REGIR L'VNIVERS ET POVR FAIRE DV BIEN.
41. *Le Soleil et les cadrans.* IL OBSERVE LES LOIS ET LES PRESCRIT AVX AVTRES.
42. *Va teste aiglon.* BIEN TOT PREST A PRENDRE LA FOVDRE.
43. *Le mesme.* IL BRVLE DV DESIR DE LANCER LE TONNERRE.
44. *Le Soleil.* IL FAIT TOVT PAR LVY MESME ET SANS AVCVN SECOVRS.
45. *Vne rivière dans une Campagne.* IL VA PORTER PAR TOVT L'ABONDANCE ET LA IOYE.
46. *Va teste Lion couché.* QVI POVRRA DESORMAIS L'ATTAQVER SANS LE CRAINDRE.
47. *Vne Rose.* QVELLE BEAVTE DE LE VOIR SOVS LES ARMES.
48. *Le Vaisseau des Argonautes.* OV NVL AVTRE AVANT LVY N'AVOIT OSE PASSER.
49. *Le Soleil levant.* PLVS IL VA S'AVANÇANT PLVS IL SE FORTIFIE.
50. *Le Vaisseau.* CONTRE TOVS LES DANGERS.
51. *Vn Aigle.* NY LES FORCES NY L'AGE NE LVY MANQVENT PAS.
52. *Le Soleil.* NVLLE BORNE A SA GLOIRE.
53. *Le Firmament semé d'estoiles et le Soleil qui va se lever.* MILLE NE FEROIENT PAS CE QVIL FERA LVY SEVL.
54. *Le Soleil dans le Zodiaque.* SANS IAMAIS S'ECARTER TANT SOIT PEV DE SA ROVTE.
55. *Le Soleil.* VNIQVE AV MONDE AVQVEL SEVL IL SVFFIT.

POVR LE MARIAGE

56. Le soleil. Ses chastes feux font la fecondité.
57. Le soleil avec un miroir ardent.
   et plus d'éclat et plus d'ardeur.
58. Le Phenix sur son bucher regardant le soleil.
59. Un Encensoir fumant.
   c'est un feu sacré qui l'embrase.

POVR LA REINE

60. L'arcenciel. Je viens donner la paix.
   et l'annoncer au Monde.
61. La Lune. Chacun sçait qui m'allume.
62. Le mesme corps. Tous ont
   Les yeux sur Moy. Je les ay
   sur luy seul.

POVR L'ENTREE DE LA REINE

63. La belle estoile du matin.
   Je brille pour luy seul.
64. Deux riuieres qui entrent dans un mesme lit.
   Quels biens pour l'vniuers d'une
   vnion si belle.
65. Le Phenix sur son bucher.
   Pour suruiure a soy mesme en
   laissant son semblable.
66. Le nid de l'Alcyon.
   Quand elle est Mere elle apporte la paix.
67. Une perle.
   Pour faire honneur a la Couronne.
68. Deux palmiers panchez l'un vers l'autre.
   Amour de l'un ne cede point a l'autre.
69. Une nacre de perle dont les deux coquilles
   sont egales. Leur parfaite vnion
   en leur egalité.
70. L'Estoile du matin.
   C'est du soleil la compagne fidele.
71. Un Aigle seule digne de Jupiter.
72. Une estoile par tout l'Eclat
   accompagne ses pas.
73. Un Aigle avec son aiglon. dignes de
   Jupiter sont la Mere et le Fils.
74. L'arcenciel. du retour de la Paix
   presage auantageux.
75. Une estoile. heureux qui peut
   sentir ses douces influences.

DEVISES MILITAIRES

1. Le soleil dissipant des nuages. dés que
   je les ay vus ils ont esté vaincus.
2. Le soleil sous des nuages.
   a couuert il prepare la foudre.
3. Le soleil et les brouillars.
   Assez de les voir pour les vaincre.
4. Le soleil au signe du belier. Il va
   faire bientot reuerdir les
   Lauriers.
5. La foudre. Son eclat est fatal
   a cent testes superbes.
6. La foudre. Malheur a ceux
   que Jupiter menace.
7. Une bombe. Tous ses coups
   sont mortels.
8. Un porc Epy. Il luy sied bien
   de viure sous les armes.
9. Un Mousquet. Il a plutot frappé
   qu'on n'a senti le coup.
10. Un Coq qui fait fuir un Lion.
   Assez de le voir pour le vaincre.
11. Un Aigle fondant sur la proye.
   plus vite que la foudre.
12. Le Roy des Abeilles avec son essain.
   Il les anime et les mene
   au combat.
13. Un porc Epy.
   autant de traits que d'ennemis.
14. Un porc Epy.
   de toutes parts a craindre.
15. Le Roy des Abeilles.
   sa presence les anime.
16. Une fronde. En tournant elle rend
   son coup beaucoup plus fort.
   LE ROY pour tromper les ennemis fit
   diuers detours en flandres et apres
   assiegea des Villes aux quelles on ne
   s'attendoit pas qu'il dut aller.
17. Une Bombe. Quel fracas dans
   les lieux ou son ardeur le porte.
18. La Colonne qui conduisit les hebreux au
   trauers de la mer rouge par un chemin qui
   n'estoit pas connu. Pour le
   passage du Rhin.
19. Un Torrent. Il renuerse ce qui resiste.
20. Une Comete. Qui le voit sans trembler.

LE ROY GOUVERNANT SES ESTATS PAR LVY MESME	DEVISES DES LITS DE IVSTICE
1 le Soleil . Quand trouuera ton son Semblable	1 vn Compas . auec Iustesse il Regle toutes choses
2 Il voit tout par luy mesme	2 le Soleil et des Cadrans . il nous dirige tous
3 Par tout Grand	3 vne Balance . en sa Langue la Loy .
4 Par tout Magnifique	4 le Soleil et les Estoiles . d'vn seul nous tirons nos Lumieres .
5 vn Atlas portant le Ciel . il suffit seul a soutenir ce Poids .	5 le Premier Mobile . Luy seul les Regit tous .
6 vn Oranger chargé de Fleurs . et de Fruits . Que de Fruits avancez en la Fleur de Ieunesse .	6 la Facade d'vn Bastiment . les Ordres distinguez en font tout l'Ornement .
7 le Soleil . le Mouuement rehausse son Eclat .	7 vne Grenade ouuerte . Pour tant de sieges _ vne seule Couronne .
8 Vne Horloge a Pendule . Que de mouuemens secrets auant que de l'Entendre .	8 vn Essaim d'Abeilles . sur l'Exemple du Roy .
9 vn Elephant chargé d'vne Tour remplie de Soldats . il en porte le Poids sans en estre accablé .	9 vn Echiquier . le soin du Roy fait la Loy _ de ce Ieu .
10 Pour le conseil vne Ruche . Nul n'en penetre le secret .	10 des Cadrans . nos Arrests sont des Loix
11 vn Cric . et la Force . et l'addresse .	
12 vn Grand Citroanier chargé de Fleurs et de Gros Fruits . Grandes productions et de toutes Saisons	les armoiries de tous les premiers Presidens que le Roy a Nommez dans tous les Parlemens _ et dans tous les conseils souuerains de son Royaume . sont reprezentées tous chacune de ces _ Iurisdictions . avec le temps de leur nomination ou de leur prise de Possession .
13 vn Devidoir . il Enueloppe . et Developpe	
14 vn Elephant chargé d'vne Tour . tousiours d'vn pas egal il marche sous sa charge	
15 vne Perle . des Tempestes a la Couronne . c'est ainsy que le Roy a passé des troubles de sa Minorité aux conquestes et aux Triomphes .	
16 vn Gouvernail de Vaisseau . aux Flots il fait la Loy .	
17 vne Grue a eleuer des Pierres . tout cede a son adresse aussy bien qu'a sa Force .	
18 le Soleil et des oiseaux en l'air . Heureux d'estre eclairez d'vne telle Lumiere .	
19 vn Escueil battu des vents et des Flots . il voit sans s'ebranler leurs violens efforts . Pour les mouuemens de toute l'Europe contre le Roy .	
20 vn Vaisseau . il soumet la Fortune aux Loix de son addresse .	
21 Toussjours a pleines voiles .	
22 vn Vaisseau auec la Boussole . C'est son attention qui rend sa course Heureuse	
23 a ce Pilote adroit tout vent est Favorable .	
24 vne main auec la Sonde sur le Bord d'vn Vaisseau . cette Application en fait la sureté .	

INSCRIPTION DE LA STATVE DE L'HOSTEL DE VILLE DE PARIS

A LA GLOIRE
DE
LOVIS LE GRAND
TOVSIOVRS VAINQVEVR . TOVSIOVRS
PACIFIQVE
PROTECTEVR DE L'EGLISE . ET DES ROIS

LES PREVOST DES MARCHANDS . ET ESCHEVINS
ONT ELEVÉ CE MONVMENT ETERNEL
DE LEVR FIDELITÉ . DE LEVR RESPECT .
DE LEVR ZELE . ET DE LEVR RECONNOISSANCE

L'AN DE GRACE M . DC . LXXXIX

AVERTISSEMENT.

J'AY long-temps déliberé sur l'ordre que je devois donner aux Médailles dans cet Ouvrage sans pouvoir trouver le moyen de les placer comme je l'aurois souhaité, selon l'ordre des temps. Ce qui m'a empesché de le faire, est qu'il se fait tous les jours de nouvelles Médailles sur les premiers évenemens du Regne. On vient seulement de graver celle du combat naval de Cartagene, qui se donna l'an mil six cens quarante-trois, la premiere année du Regne. On en fait actuellement pour la bataille des Dunes, pour la prise de Condé, pour les Fortifications de Donquerque, &c. Secondement on n'a pas observé exactement l'ordre des années dans les dates, où souvent les Graveurs ont marqué l'année en laquelle ils ont fait les Médailles, & non pas celle des Actions & des Evénemens. Par le Traité de Paix de Munster fait en mil six cens quarante huit, dix Villes d'Alsace furent cedées au Roy en toute souveraineté ; cependant la Médaille qui marque cette cession a la date de mil six cens soixante dix-neuf, qui est l'année en laquelle on fit cette Médaille. La même chose se trouve dans la plusart des jettons qui étant faits pour estre donnez au commencement de l'année dont ils ont la date, ne laissent pas à la maniere des Almanachs, & des nouveaux Calendriers, de représenter les Evénemens des années précedentes. Les Médailles des Ouvrages publics ont le mesme inconvenient, parce que ces Ouvrages n'étant pas faits d'abord, & ne pouvant s'achever que dans le cours de plusieurs années, il y a des Médailles qui ayant été faites pour accompagner la premiere pierre de ces Bâtimens, ont cependant des revers de leur élevation, comme si ces bâtimens avoient été achevez deslors. Les Médailles du Louvre, de Versailles, de l'Observatoire, du Pont Royal, de l'Hôtel des Invalides, &c. sont de cette nature : Il y en a d'autres qui regardent des Actions indéfinies, comme la Médaille du Secret dans les Conseils, de la Felicité publique, de la gloire des François, qui sont sans aucune datte, & celles de la Devise du Roy, dont il y en trois ou quatre de diverses dattes. Il y en a aussi dont les Types ne déterminent aucune action particuliere, & par leur seule inspection il est difficile de sçavoir pourquoy elles ont été faites. Ce qui est à mon sens un grand défaut dans les Médailles, comme j'espere de faire voir dans un Traité des Médailles modernes que je compose actuellement, pour faire connoitre au public les rapports qu'ils peuvent avoir avec les Médailles antiques, & leurs differences ; quelle doit être la disposition de ces Types, des Inscriptions ou Legendes des Figures Naturelles, Symboliques, Allegoriques, & des Habits des Ceremonies, &c. où j'examineray s'il ne faudroit point plustost marquer les années du Regne que celles de l'Ere chrestienne comme les anciens Empereurs les marquoient par la puissance Tribunitie & par les Consulats. Ce que l'on observe encore dans les Médailles des Papes où l'année du Pontificat est marquée. Nos Rois le pratiquent aussi dans leurs Actes publics, & on l'observe en plusieurs inscriptions. En attendant que ces choses soient reglées & décidées, je me contente de donner les Médailles sans aucun ordre à la fin de cet Ouvrage. Ce qu'on pratique depuis un siecle dans la plusart des Histoires accompagnées de Titres où l'on met les pieces justificatives à la fin avec des renvois. D'ailleurs comme je n'ay conduit cette Histoire dans toute son étendüe que jusques au Mariage du Roy, n'ayant fait qu'un Sommaire de sa vie & de ses actions depuis ce temps-là jusqu'à present : Je reserve à la seconde partie de donner exactement année par année ce qui s'est fait avec les monumens de chacune de ces années, mesme les divers Portraits du Roy à la teste de chaque année, tels que les ont peints Messieurs Beaubrun, le Fevre, Mignard, le Brun, de Troye, Ferdinand, Larzilliere, Gelin, Person, &c. & tels que les ont gravez avec tant de succez, & d'une si belle maniere Monsieur Nantueil, qui a représenté le Roy de tant de façons differentes ; & aprés luy Monsieur Simon, qui a porté pour ces sortes d'Ouvrages toute l'adresse du barin aussi loin qu'elle pouvoit aller, en conservant dans ses Portraits cet air heroïque & majestueux qui distingue si fort le Roy, Messieurs Picart, Masson, Vallet, Baudet &

Y

Gantrel ont fait auſſi des Portraits accompagnez de divers Ornemens, & il y a de ce
dernier une Theſe ſur la maladie du Roy, & ſur le retabliſſement de ſa ſanté, ſoutenuë
à Roüen, qui a des beautez ſingulieres pour les richeſſes de l'invention, auſſi bien que
pluſieurs Affiches où Monſieur Sevin a fait voir le talent qu'il a pour ces ſortes de com-
poſitions.

J'attends donc d'expliquer les Types des Medailles ſuivantes dans toute leur étenduë en la ſeconde partie qui commence comme les Peintures de la Galerie de Verſailles
par l'année que le Roy prit luy-même le timon de l'Etat, & pendant que je diſpoſe
cette ſuite de Monumens, qui ne peuvent paroître de quelques années, j'ay crû que je
devois donner cette premiere partie comme le plan & le projet d'un plus grand Ouvrage, qui pourroit remplir pluſieurs volumes, ſi j'avois pour cette entrepriſe tous les
ſecours qui me ſeroient neceſſaires, & avec leſquels je pourrois me promettre de donner
un jour quelque choſe de ſingulier, & digne de la curioſité des Etrangers, auſſi bien
que de celle de tous les François.

Les diametres des Medailles ſont marqués par des lettres qui ont du rapport aux
cercles tracez cy-aprés, qui en repreſentent l'etenduë; je n'ay pas diſtingué les Medailles moulées de celles qui ſont frappées, par ce qu'il y en a de frappées dont je n'ay
pû voir que des empreintes moulées. Et comme cette difference eſt plus pour ceux qui
font des Cabinets de Medailles, que pour les preuves de l'Hiſtoire, je n'ay pas crû
devoir m'arreſter à marquer cette difference que les curieux ſçavent aſſez par d'autres
voyes.

Corrigez pag. 55. Curé de Hedouville, *& mettez* Sieur de Hedouville.
Pag. 53. aprés Meſſieurs Huguens, Regis, *&c. adjoûtez* Monſieur Duhamel.

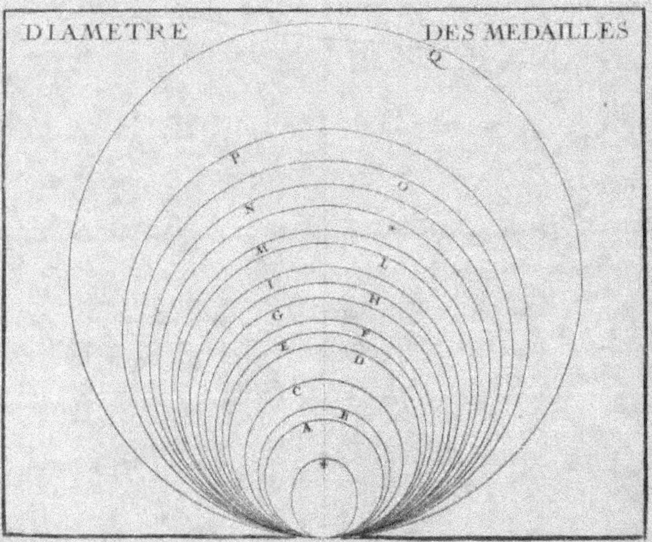

TABLE DES MEDAILLES,
Avec leurs renvois,
SELON L'ORDRE DES MATIERES.

N'AYANT pû donner en leurs places toutes les Médailles qui entrent dans cette Histoire pour les raisons alleguées dans l'Avertissement, & leurs renvois marquez aux marges ayant été alterez par mégarde, & trop entassez dans le Sommaire, ce qui fait de la confusion, je prie les Lecteurs de s'en tenir à cette Table, où le chiffre de la page des Planches, & le numero de chaque Médaille sont exactement observez.

Les Tables & l'explication des Devises se trouvent cy-devant aux feüillets 82. 83. & 84.

TABLE DES MATIERES

DES MEDAILLES ET AUTRES FIGURES

qui entrent dans le corps de l'Histoire.

TABLE DES MATIERES.

EXTRAIT DV PRIVILEGE DV ROY

Par Grace et Privilege du Roy, en 1685, signé Boucher. Il est permis au P. CLAVDE FRANÇOIS MENESTRIER DE LA COMPAGNIE DE JESVS, de faire Graver, Imprimer, vendre et débiter en tel volume, marge, caractere, et autant de fois que bon luy semblera, un Livre intitulé HISTOIRE DV ROY LOVIS LE GRAND Par les Medailles, Emblemes, Devises, Jettons, Inscriptions, Armoiries, et autres Monumens Publics, et ce pendant le temps et espace de Douze années consecutives et commencer du jour que ledit Livre sera achevé. Deffences sont faites à tous Graveurs, Libraires, Imprimeurs, et autres de Graver ou faire Graver, Imprimer faire Imprimer, vendre et Distribuer ledit Livre sous quelque pretexte que ce soit mesme de Gravure, ou d'Impression étrangere et autrement, à peine de confiscation de quinze cent livres d'amende, et de tous depens dommages et interets.

Le P. Menestrier a cedé son Privilege au Sr. Jean Baptiste Nolin, Graveur Ordinaire du Roy, suivant les conventions faittes entre eux.
Registré sur le Livre de la Communauté des Libraires et Imprimeurs de Paris le 27e. Septembre 1690, suivant l'Arrest du Parlement du 8e. Avril 1653, et celuy du Conseil d'Estat du 27e. Fevrier 1665. Signé Aubouyn Syndic.

Le Sr. I.B. Nolin a associé à son droit de Privilege le Sr. Robert Pepie, Marchand Libraire suivant les Conventions faittes entre eux.

LVDOVICVS MAGNVS REX

Sonnet

Louis occupe seul le Temple de la Gloire,
la grandeur de son nom et ses faits immortels
parmy les nations eleuent sur des autels,
Rien de si grand que luy ne suffit à la Mémoire.

Dix siècles à venir d'en remplira l'histoire,
les Princes comme luy doiuent d'estre eternels,
les Grecs et les Romains n'en eurent point de tels,
et nos neueux un iour auront peine à le croire.

Heros disparoissez, il vous efface tous,
ce qu'il a fait pour luy, ce qu'il a fait pour vous
à la Posterité fournit de grands exemples.

Mais l'heureux exente et le vrai albâtre,
sous les vastes debris de plus de mille temples,
veulent que Louures en dresse à sa vertu.

Claude François Menestrier
de la compagnie de Iesus

SVITE DES MEDAILLES

le Roy prend en main le timon du Gouvernement de l'Estat sous l'image du Soleil assis sur le Globe du Monde ou il met l'ordre et la felicité.

III
DUNQUERCA RECUPERATA
I
PROVIDENTIA PRINCIPIS
M DC LXII

le Genie de la France reçoit Monseig.r le Dauphin a sa Naissance le 5 Novembre 1661.

le Roy retire des mains des Anglois la Ville de Dunquerque, et par cette sage prevoyance pourvoit à la sureté de la France.

Dans un temps de necessité publique le Roy soulagea le Peuple par des distributions de bled et de pain, cuit aux l'Huille, l'an 1662.

le 9 Novembre 1663 le Roy renouvella dans l'Eglise de N.D. l'Alliance avec les Suisses et leurs alliez pour luy et pour Monseig.r le Dauphin.

3

La satisfaction que fit l'Marquis de la Fuente de l'Interprise de Vincennes, en Angleterre, POVR LA PRESEANCE DE NOS AMBASSADEVRS SVR CEVX DV ROY D'ESPAGNE. CETTE SATISFACTION, SE FIT EN PRESENCE DE XXX AMBASSADEVRS, OV RESIDENS DE DIVERS PRINCES. 1662.

le Roy comme elle avec une nombreuse armée sur la fin de May 1667, en Flandre, pour les droits de la Reine son Espouse. PRIS TOURNAY ET COURTRAY, quelque peremptoires les Possessions que le P. renonce le consentement sera publier par une ces Possessions.

l'Arc de triomphe pour les Conquestes du Roy, elevé au de la du Fauxbourg S. Antoine proche Vincennes.

le Roy qui tient le tonne de l'Escaut, couronné de Laurier, Monsieur son frere Vainqueur, qui luy presente une Palme après avoir gagné la Bataille de Cassel. AVEC LES TROVPES ET LA FORTVNE DV ROY. 1677.

le Passage du Rhin sous les Auspices de la Victoire qui marche toujours devant le Roy, le 12 Juin 1672.

la Victoire remportée sur les troupes des confederez auprès de Seneff, par le Prince de Condé. OV X M. DES ENNEMIS FVRENT TVEZ, OV PRIS ET CVII DRAPEAVX ENLEVEZ.

le Roy envoye delivrer les Esclaves detenus a Alger
ces Esclaves delivrés viennent a ses pieds luy rendre graces.

le Cardinal Flavio Chigi neveu du Pape Alex. VII vient en qualité de
Legat faire en son nom, et au nom de toute sa maison excuse du Roy
aux Suisses des Corses. 29 Juillet 1664 a Fontainebleau.

M. le Duc de Crequy Ambassad. de France a Rome ayant esté
insulté par les Corses, pour reparation de cette injure les Corses furent
pour toujours declarés incapables de servir le Pape, et une Pyramide
fut élevée au lieu où s'estoit faite l'attentat.

le Roy des l'an 1665 par de frequentes revues dressoit ses troupes
en temps de Paix pour s'en servir utilement en temps de Guerre pour
ces conquestes qui ont estonné toute l'Europe.

L'an 1665 se fit l'Establissement d'une compagnie pour le commerce
des Indes orientales, qui envoya une flotte a l'Isle de Madagascar
dont elle avoit obtenu le don du Roy. les anciennes Medailles marquent les colonies par des Boeufs, et des charrois.

un corps auxiliaire de deux françois envoyé par le Roy au Secours
de l'Empereur, battit les Turcs auprès du Raab, et fit perir prés de
quatorze mille de ces Infidelles. le 9 Aoust 1664.

XVIII

le Roy, par la vigueur de ses Edits, et par sa fermeté à les faire observer, a enfin aboli les duels, et sa Justice tient également la Noblesse, et le Peuple dans le devoir.

XIX

C'est par la protection que la France a donnée à la Hollande, que la Puissance des Estats s'est establie et qu'elle a subsisté plus d'un siecle.

XX

la Justice remet ses balances, et son Espée entre les mains du Roy, qui est donc considéré comme LE IVGE DES IVGES.

XXI

le Roy apres ses conquestes, seulement POVR GARDER SA PAROLE, rend aux Espagnols la Franche Comté 1668.

XXII

le Roy apres avoir establi une Academie des Sciences, fait bastir un Palais magnifique POVR OBSERVER LES ASTRES, 1667, On le nomme communement L'OBSERVATOIRE.

XXIII

le Roy en faveur du Pape Clement IX promet d'abbattre la Pyramide dressée à Rome pour laisser à la posterité un monument public de l'attentat commis contre son Ambassadeur. LA PIETE DV ROY, FAIT CE SACRIFICE A LA RELIGION 1667.

XXIIII

on a frappé cette medaille pour conserver le souvenir de la Bataille de Norlingue, gagnée sur les Allemans par le Duc d'Enguien depuis Prince de Condé, la 21 année du regne du Roy, elle dit que ce jeune Prince ne pouvoit pas commencer son regne, SOVS DE MEIL- LEVRS AVSPICES

XXV

LA FACILITÉ QVE LE ROY DONNE A TOVT LE MONDE, de s'approcher pour luy presenter des placets, a esté le sujet de cette Medaille, au sens fraisée est appellée LA FELICITÉ PVBLIQVE.

XXVI

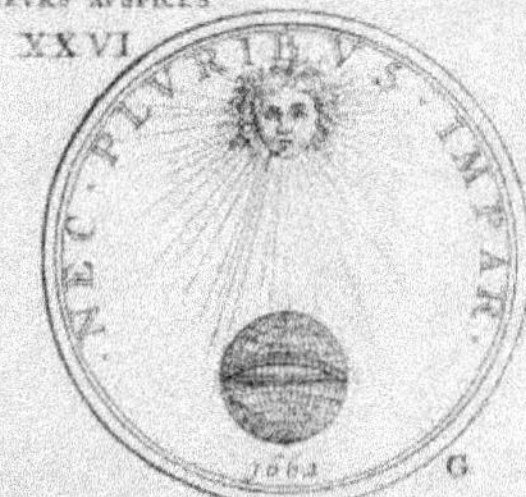

C'est la Devise du Roy qui commença à porter l'an 1662, luy justifie cette devise par un livre entier contre ceux qui l'attribuoient faussement à Philippe 2. Roy d'Espagne

XXVII

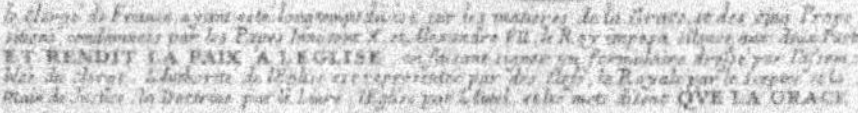

le Clergé de France, ayant esté longtemps divisé, sur les matieres de la Grace, et des cinq Propositions condamnées par les Papes Innocent X. et Alexandre VII. le Roy appaisa illuec ces deux Parties ET RENDIT LA PAIX A L'EGLISE ... l'Autorité de l'Eglise est representée par des clefs, la Royale par le Sceptre et la Main de Justice, la Doctrine par le Livre, l'Eglise par l'autel, cette mots disent QVE LA GRACE ET LA PAIX VIENNENT DE DIEV.

XXVIII

ces deux Rivieres sont le Rhin et l'Issel, effrayez de la tempeste avec laquelle le Roy les passa ROMPANT CES BARRIERES DE LA HOLLANDE et portant par tout la TERREVR, en mettant en FVITE les Ennemis.

XXIX

l'armée Françoise apres la prise de la Ville d'Aire, et du Fort de Lincx, marche au secours de Maestrich, la celerité de cette Expedition est representée par une victoire qui vole, magnifient d'une main une flèche et de l'autre une couronne murale symbole DE LA PRISE D'AIRE.

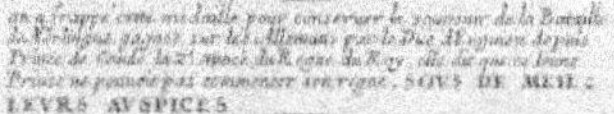

ces deux Medailles representent deux differens Desseins de la Façade du Louvre comme d'Un
MONVMENT AVGVSTE CONSACRE' A LA MAJESTE', ET A L'ETERNITE' DE L'EMPIRE FRAN-
ÇOIS. ces Desseins ont depuis esté changez.

la Victoire avec quatre couronnes Murales qu'elle
montre au Rhin estonné representte les 4 sieges
de Vesel, Orsoy, Burich, et Rhinberg, par lesquels le
Roy commença a entrer en action contre la Hollande, et
CES 4 VILLES PRISES EN MESME TEMPS.

LA VICTOIRE COVRONNE LA PREVOYANCE
QVI A FORTIFIE DES PLACES sur touttes
les Frontieres ET P. STABLY DES MAGASINS
Pour la sureté du Royaume.

LA SECONDE CONQVESTE DE LA FRANCHE
COMTE sert a voir que LA FORTVNE EST CONS-
TAMMENT ATTACHEE aux armes touiours
Victorieuses de Louis le Grand.

C'est la Façade du Louvre en la Maniere qu'elle est
apresent et la Legende est la mesme des deux Medailles precedentes.

Le Rhin estonné de voir passer à Nage la Cavalerie Françoise, près du Fort de Tolhuys, en presence des Ennemis. LE RHIN ET LA HOLLANDE ENSEMBLE SVBIVGVEZ

LA VALEVR INCOMPARABLE DV ROY, qui prend en treize Iours de Siege Maestrich 1673. la Foudre marque la vitesse de lExpedition, et livre la Meuse sur laquelle est Maestrich

Prise de Besançon. LOVIS LA PRIT DEVX FOIS, ET CESAR VNE SEVLE. la Victoire tient deux Palmes

La Victoire presente au Roy trois couronnes sur un Bouclier pour autant de glorieux succez DE SON ARMEE VICTORIEVSE à Entzeim, Sintzeim, et Altenheim sur les Imperiaux et les Troupes du Duc Charles de Lorraine

le Roy en triomphateur. POVR AVOIR SVBIVGVE VNE SECONDE FOIS LA FRANCHE COMTE, ET REVNI VNE PROVINCE ENTIERE À LA FRANCE.

Rien n'est difficile A LA VALEVR FRANCOISE, la Victoire est à ses costez, et porte la foudre pour elle. le Doux qui arrose Besançon se voit estonné.

XLII

XLIII

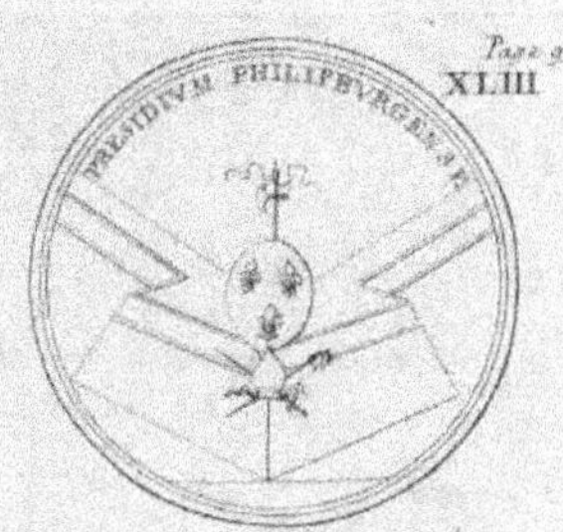

PARIS a vû sous ce Règne toutes ses Portes renouvellées, le rempart élevé et planté, les rües elargies, les Quais et les Ports couverts sur la Seine. La Porte de S. Martin, et la Porte de S. Denis sont figurées dans la Medaille, et la Ville qui tient le Vaisseau de ses Armoiries.

PHILIPSBOVRG FORTIFIE est representé par cette medaille, où l'on voit un bastion avec les armes de France, et au dessous les marques de l'Evesque de Spire qui fit bastir cette Place, celebre par ses trois Sieges, dont le dernier est si glorieux à Monseigneur le Dauphin.

XLIV

XLV

LA VITESSE INCROYABLE avec laquelle le Roy se rendit maistre de toute la Franche Comté, l'an 1668 en dix Jours, est representée par un char tiré par des chevaux ailez.

ce superbe Bastiment dessiné à servir de retraite aux Soldats, QVE LA VIEILLESSE, OV LES BLESSVRES ONT RENDS INVALIDES est signe de la Magnificence du Roy.

XLVI

XLVII

LA PREVOYANCE, ET LA VITESSE, avec laquelle le Roy forma le siege de Gand qui devoit celebrer la campagne de 1678. la vitesse, a pour symbole les ailes, une flèche, et un sable à marquer les heures, la Prevoyance, tout ce qui est necessaire à former une entreprise.

LA PRISE DE GAND ROMPIT LES ESPERANCES DES ENNEMIS, ET LEVR OSTA LES MOYENS DE SECOVRIR LEVRS AVTRES PLACES. Le Parc est icy rivière devant de la Ville de Gand, le Lion l'Armoirie de la Flandre.

XLVIII

la Paix foulé des armes, et la Victoire tenant en garde sur un chien fidele gardien des maisons, attache des Boucliers à un Pilastre et les encadrés. A LA MEMOIRE DV DEFENSEVR DE SES ALLIEZ, POVR AVOIR VAINCV TROIS FOIS LES ALLEMANS ET LES HOLLANDOIS, ET POVR AVOIR RESTABLI LES SVEDOIS

XLIX

LE ROYEN TEMPS DE PAIX ENTREPRIT DE GRANDS BASTIMENS, tandis l'Halcyon bastit son nid sur la Mer durant le calme.

L

LA SVRETE DE LA FRANCE, depend de la vigilance du Roy, qui par les soins Infatigables qu'il se donne, nous fait jouir d'un parfait repos, même au temps des plus grandes Guerres

LI

DIX VILLES DE L'ALSACE CEDEES AV ROY EN TOVTE SOVVERAINETE. L'Alsace rend hommage à la France et reçoit d'Elle les fleurs de Lys; les armoiries des dix villes font le tour de la Medaille

LII

la Victoire presente au Roy le Globe du Monde, sur lequel il met vne couronne d'oliuier Symbole de Paix; la Legende dit AV PACIFICATEVR DV MONDE

LIII

L'Affaire des Maisons basties sur les anciens fossés de la Ville ayant esté portée au conseil les voix furent partagées, et le Roy pouuant decider en sa faueur, donna son voix en faueur des proprietaires ET PERDIT AINSY SA CAVSE, pour ne pas l'injustice

LIV   LV

le 2 Janvier 1676 l'armée Navale de France commandée par le S.r du Quesne defit celle de Hollande, et d'Espagne, près de l'Isle de Strombolo, aussi battue le Sicile. le Vice admiral Ruyter qui commandoit pour la Hollande fut tué, la Victoire est sur une Galere. Peu auparavant l'ancien fevrier le Marechal Duc de Vivonne, donna la Chasse à l'armée Navale, et mena Victorieux dans le Port de Messine, et prit la Ville d'Agosta le 30 Aoust 1675. L'an 1676 le Duc de Vivonne alla attaquer les Flotes Ennemies dans le Port de Palerme Brula ou coula à fond six Galeres et douze Vaisseaux.

LVI   LVII

le Roy ayant pris la Ville de Cambray, l'an 1677 cette Ville fit faire cette medaille, on a exprés le mot latin qui signifie NOVS VIVONS PVS DOVCEMENT. marqué latinité en leurs chroniques. MDCLVVVVVIII

le Comte d'Estrée, Vice admiral et depuis Marechal de France defit l'armée Navale des Hollandois à l'Isle de Tabago dans l'Amérique. le Chevalier Binque qui commandoit la Flotte Hollandoise y fut tué le 24 Avril 1677. la Victoire est la Foudre à la main tenant une Galere désarmée.

LVIII   LIX

Medaille pour les Bastimens du Roy. Devise le Roy des Abeilles avec son Essaim LES GVERRES NE FONT PAS CESSER LEVRS OVVRAGES.

POVR LA PAIX FAITE SELON LE BON PLAISIR DV ROY, ET AVX CONDITIONS QVIL VOVLVT. un Foudre Symbole de la Guerre lié a un Caducée Symbole de Paix.

LX

le Secret tenant un doigt sur sa bouche, selon la doctrine Mys-
terieuse des Egyptiens, est tcy appellé le Sage DEPOSITAIRE
DES RESOLVTIONS DV ROY

LXI

LA FERMETE ET LA VIGILANCE ASSIDVE DV ROY
dans le soin qu'il prend de ses Estats, est representée sous la figure
d'un Prince assis comme un sage Pilote, qui tient le Gouvernail
d'un Vaisseau

LXII

cette Medaille represente le Port de la ville de Rochefort, et les deux citadelles eslevées pour la sureté de ce Port,
& de cette ville à l'Embouchure de la Charente
la Legende dit QVELLE EST MAINTENANT A COVVERT
DE TOVTES LES   TEMPESTES.

LXIII

L'Ange de la France accompagne par tout le Roy, prest a le défen-
dre en le combattre, pour luy, veillant A LA CONSERVATION
DV MEILLEVR DE TOVT LES PRINCES, ET SERVANT A LA
GLOIRE DE CE GENEREVS CONQVERANT·

LXIIII

L'Ordre militaire de S.t Lazare de Hierusalem reabli par le
Roy, chef de cet ordre en France, il auoit esté uni a l'ordre du
Mont Carmel par Henri IV le Roy la pris sous sa protection, et
a estabil en grand nombre de Commanderies

LXV

le Roy sous le Symbole du Soleil monte sur son char, va avec
la mesme rapidité de conqueste, en conqueste et ces deux villes
de Hollande prises par ses armes Victorieuses, sont representées
comme LES TRAVAVX DV SOLEIL de la France

LXVI

L'heureux Mariage de Monseigneur, et de la Princesse de Bauiere, SOVS LES AVSPICES DE LA VICTOIRE ET DE LA PAIX 1680.

LXVII

LES PIRATES BATTVS A CHIO EN PRESENCE DES TVRCS, ou Africain qui en prend de la Nauire, entre la Ville de Chio, et l'Armée nauale.

LXVIII

Strasbourg auprés du Rhin fortifié, MET NOS ALLIEZ A COVVERT, ET BRIDE LES ENNEMIS

LXIX

la Ville de Strasbourg renduë au Roy, acquiert le repos et voit LES AVTELS RETABLIS, par la pieté du Roy

LXX

CASAL SE DONNANT AV ROY, et luy rendant hommage, assure LE REPOS DE L'ITALIE. 1681.

LXXI

CASAL ET STRASBOVRG, ACQVIS EN VN MESME IOVR. le 30 Sept 1681.

LXXII

ce Jupiter qui menace de sa Foudre une Ville située sur le bord de la mer, est l'Image du Roy qui CHASTIE LA VIL-LE DE GENES, EN LANÇANT SES FOVDRES CON-TRE LES ORGVEILLEVX.

LXXIII

LE DOGE DE GENES APPELLÉ a Paris, pour faire Satisfaction au Roy. 1685.

LXXIIII

GENES SOVMISE, OV LE DOGE ACCOMPA-GNE DE QVATRE SENATEVRS, POVR FAIRE AV ROY LES SOVMISSIONS DE SA REPVBLIQVE.

LXXV

la Religion Couronne le Roy POVR AVOIR REVNI A L'EGLISE DEVX MILLIONS DE CALVINISTES.

LXXVI

L'EDIT D'OCTOBRE 1685, pour la Revocation de l'Edit de Nantes, fut l'Entiere EXTINCTION DE L'HE-RESIE en France, et le triomphe de la Religion Catho-lique Romaine.

LXXVII

le Mareschal Duc de la Feuillade a élevé ce Magnifique Monument dans la Place des Victoires, a Louis le Grand, digne d'estre Im-mortel, COMME AV PERE DES ARMEES, ET A LEVR CHEF TOVSIOVRS HEVREVX.

le Roy Comparé a Hercule dont il a Surpassé les Travaux, et fait avec moins de Peine des Actions plus Glorieuses.

le Roy a fait ériger en Archevesché, l'Evesché d'Alby en faveur de Mexsire Hyacinthe Serroni, qui avoit esté auparavant Evesque d'Orange, et depuis Evesq. de Mende. C'est la Religion qui luy met en main la Croix, et qui luy ouvre la Porte DE L'EGLISE DALBY, DONT LA DIGNITE A ESTE AINSY RELEVEE.

la Religion éleve des Croix SVR LES RVINES DES TEMPLES DES HERETIQVES. L'inscription suivante est mise sur le Piedestal d'une de ces Croix SVBLATA HAERESI RESTITVTIS ARIS PERENNE RELIGIONIS MONIMENTVM CHRISTO SERVATORI POSVIT. LVDOVICVS MAGNVS 1685.

Mr le Comte d'Avaux Ambassadeur Extraordre en Hollande y fit frapper cette Medaille pour le Restablissement de la Santé du Roy qui fait LA SVRETE PVBLIQVE. Apollon Dieu de la Medecine offre conserver la France pour vne Santé si précieuse.

Ces Bastimens et ces Jardins font assez connoistre VERSAILLES quand son nom ne se verroit pas dans l'Exergue, la Legende dit que LE ROY LA CHOISY POVR SA DEMEVRE LA PLVS ORDINAIRE, ET LA PLVS AGREABLE.

LXXXIV

la Prise de la Ville de Luxembourg, l'an 1684, OSTE AVX ALLEMANS LE SEVL PASSAGE QVI LEVR RESTOIT POVR POVVOIR ENTRER DANS LA FRANCE, la Surete des Provinces est representée dans la medaille ainsi appuiée par un Bouclier, et tenant une Couronne murale.

LXXXV

L'Ambassade des ALGERIENS ENVOYEZ AVX PIEDS DVROY, l'an 1684, fut la fin de LA GVERRE FAITE PAR MER A CES PIRATES.

LXXXVI   LA TREVE DE XX ANS   LXXXVII

cette Treve fut signée le 15e Aoust 1684, a Ratisbonne entre la France et l'Espagne, et cinq Jours apres entre la France et l'Empire, l'Echange des ratifications fut faite peu de temps apres, en l'une des medailles la valeur est aidée par des armes, a l'ombre d'un olivier, en l'autre c'est la Victoire qui tient le monde sous un de ses pieds, le caducée en une main et la couronne de Laurier en l'autre, la Legende dit, QV'ELLE A FAIT CESSER LA GVERRE ET QV'ELLE A ORDONNE LE REPOS.

LXXXVIII

cette Medaille ou le Roy est representé entre Genes et Luxembourg, tenant le Globe du monde sur la Pointe de son Espée, dit QV'IL EN FAIT CE QV'IL VEVT.

CHOISISSEZ, ou la Paix ou la Guerre, representez par l'Epée et la Branche d'Olivier, le rideau semé de fleur de lys, fait voir quel est le bras qui presente l'un ou l'autre.

cette Medaille a esté frappée en Hollande.

LXXXIX

Monsieur frere Vnique du Roy le Dimanche des Rameaux 1677 defit toute l'Armée du Prince d'Orange, qui s'auançoit au secours de S.t Omer, et fit paroitre toute la Sagesse et la VALEVR D'VN GRAND CAPITAINE, en cette Bataille donnée auprés de Cassel, et en la prise de cette ville.

XC

LA PRISE DE LA VILLE DE CAMBRAY l'an 1677 FVT L'ASSVRANCE DES FRONTIERES du costé de la Picardie, un Laboureur qui conduit sa charrue et qui oublie son champ pour craindre les courses des Ennemis en est le Symbole.

XCI

a Louis le Grand, qui aprés auoir defait les Bataues, vaincu plusieurs fois les Espagnols, soumis deux fois la Franche comté, battu en diuers endroits les Allemans, chassé et brulé les Flottes des Ennemis, donna la Paix à toute l'Europe, coniurée contre luy, et obligée de l'accepter aux conditions qu'il voulut 1678.

XCII

Louis le Grand par un rare Exemple de moderation, arrestant le cours de ses Victoires, qui luy ouuroient un longe chemin à de Nouuelles Conquestes, et qui sembloient l'asseurer d'auoir la Fermeté et ... gnes, aprés tant de succes, fit voir qu'il n'auoit vaincu que pour donner la Paix au Monde Chrestien, jusqu'il y renonça à tous les auantages de ses Victoires l'an 1679.

XCIII

le Roy pourvoir à la sureté et au bien de son Royaume, leua l'an 1680, SOIXANTE MILLE MATELOTS, distribuez en diuerses classes, pour seruir A LA GVERRE ET AV COMMERCE dans les expeditions nauales.

XCIV

cette Medaille represente LE CANAL DE LANGVEDOC POVR LA IONCTION DES MERS, DEPVIS LE PORT DE SETTE sur la Mediterranée IVSQV'A L'EMBOVCHVRE DE LA GARONNE, dans l'Ocean, ce Fleuve, presenté à Neptune en voit jaillir et un mariolateur un archet à la main, pour le Port de Sete.

XCV

CIVES A PIRATIS REVOCATI

ALGERIA FVLMINATA
M·DC·LXXXII.

I

la Valeur presente à un Algerien la teste de Meduse pour l'effrayer par la cruauté des armes du Roy dont elle le menace, et pour l'obliger — A RENDRE LES ESCLAVES, PRIS SVR MER PAR LES PIRATES

XCVI

COMITAS ET MAGNIFICEN
TIA PRINCIPIS
M·DC·LXXXII.

le Roy pour faire gouster à ses sujets les douceurs de la Paix OVVRIT LES APPARTEMENS DE VERSAILLES A LA IOYE PVBLIQVE, y donnay le plaisir de la Musique, du Ieu, des Rafraichissemens, etc. Marquee avec un Echiquier. Apollon avec sa Lyre, et Vertumne avec ses fruits, y font remarquer LA BONTE ET LA MAGNIFICENCE DV PRINCE

XCVII

CLAVSA GERMANIS GALLIA

ARGENTORATI ARCES·
AD·RHENVM·
M·DC·LXXXII.

LA FRANCE FERMEE AVX ALLEMANS, par l'exposition de la Ville de Strasbourg, et les grands ouvrages que le Roy y a fait faire pour la fortifier. 1683.

XCVIII

SARLOISIVM CONDITVM

M·DC·LXXXIII.

I

SARLOVIS, Ville bastie par le Roy en Lorraine 1683 sur la Riviere de la Sare, qui la separe en deux, et d'ou luy vient son nom. Elle offre au Rhin un Port pour sa sûreté.

XCIX

LIBERTA VRBIS TRANQVILLITAS

ARGENTOBAT·
ALSAT·
METROP.

L

LA VILLE DE STRASBOVRG, CAPITALE D'ALSACE S'EST PROCVRE LE REPOS en se rendant au Roy, qui la veritablement couronné d'une couronne murale, en la fortifiant, comme la Victoire la couronne luy mesme de Laurier; en le rendant maistre de cette Ville.

C

AETERNITAS·IMPERII·GALL.

I

L'ETERNITE DE L'EMPIRE FRANÇOIS est renouvellée en la Succession de Monsieur le Dauphin, et de ses enfans. Mr. le Duc de Bourgogne naquit le 6 Aoust 1682 à dix heures et minutes du soir, et Mr. le Duc d'Anjou le 13 Decembre à quatre heures et demie du matin 1683.

la Mort de la Reine MARIE THERESE, arrivée le 30 Juillet 1683, causa beaucoup de douleur au Roy, et pour conserver la memoire a une Reine si vertueuse, on voulut que ce Monument public apprit à la Posterité, qu'elle avoit esté un Exemple de PIETÉ ET DE PVDEVR, qui sont les deux vertus qui font la Gloire du Sexe.

le Roy a la demande de l'Espagne, et en faveur de la Paix, avec une bonté tout à fait Royale, remit aux Pays Bas Sept cent mille Escus de contributions qui luy estoient dues l'an 1684. c'est la Paix, qui luy presente l'Espagne.

cette Medaille où l'on voit une couronne murale sur un trophée de Canons, et de divers Instrumens d'artillerie represente LA PRISE DE DEVX CENT VILLES que le Roy a forcé par ses armes victorieuses, et luy donnant ce surnom, comois a esté Henri TOVSIOVRS VICTORIEVX.

l'an 1687 le Roy fonda la Maison Royalle de St Cyr pour l'éducation de trois cens Nobles Demoiselles, avec luy, Madame la marquise de Maintenon qui proposa au Roy un dessein si digne de sa Pieté et de sa Magnificence.

la Religion et la Iustice, qui sont les Loix fondamentales des Estats, sont les MAXIMES SOVVERAINES du Regne de Louis le Grand, representée en conseil de Iustice par le Soleil de sa Devise, c'est la Medaille du Conseil.

À ROME

ROME pour reconnoître par un monument public, ce que le Roy a fait en faveur de l'Église, fit cette medaille, où la France combat d'un bras pour les interrests de la Religion tandis que de l'autre il foule aux pieds l'Heresie, et acheve d'assurer ce monstre, dans ses Estats. les erreurs se dissipent à la presence de la verité, le titre du S. Sacrement de l'Autel est variable dans plusieurs villes, et ce Soleil ne laisse plus de tenebres dans toute l'estendue de son Royaume.

EN HOLLANDE

cette Medaille fut frappée en Hollande, à l'occasion de la Trève de 20 ans entre la France et l'Espagne, quelque temps après la Paix de Nimegue. LOVIS LE GRAND y est appellé PACIFICATEUR DV MONDE, et la Paix tenant deux fleurs en sa main distribuer, et de l'autre une corne d'abondance, avec le Soleil qui dissipe des nuages par ses rayons, fait dire à toute l'Europe, que C'EST LVY SEVL QVI NOVS DONNE LA PAIX.

EN SUEDE

la Suede obligée au Roy, de la Reconnoissance des Places qu'elle avoit perdues dans les dernieres guerres, voulut rendre publique sa reconnoissance par cette Medaille, où le coq perché sur le Globe du Monde representant le Roy, ou le mot SOVS L'OMBRE DE SES AISLES, comme il est appellé LE PROTECTEVR, dans le revers, ou la Gerbe est le Symbole de la Suede, le Sceptre, la Couronne, et l'épée de l'autorité Royale.

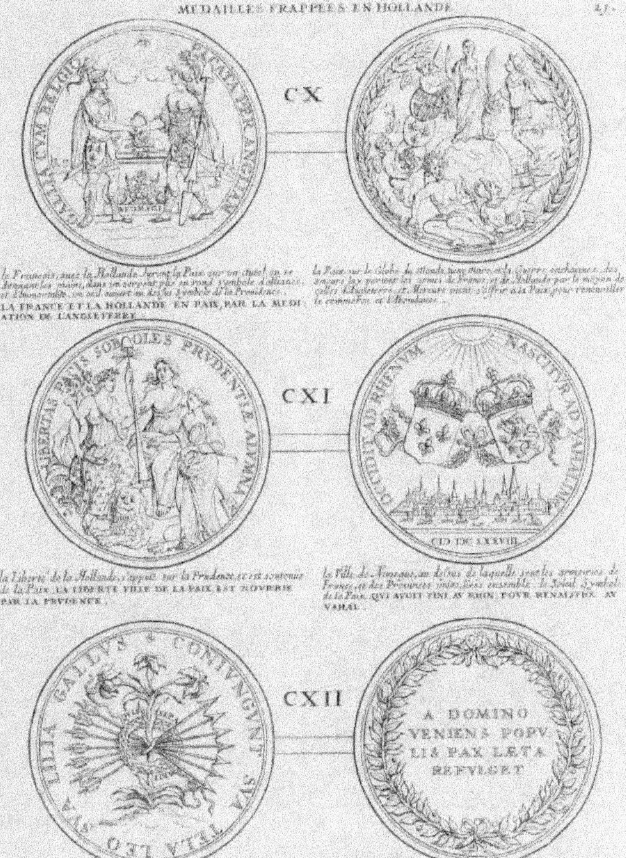

CX

Le François, avec la Hollande jurent la Paix sur un autel, en se donnant les mains, dans un serpent plié en rond symbole d'alliance et d'immortalité, on voit auprès en dessus symbole de la Providence. LA FRANCE ET LA HOLLANDE EN PAIX, PAR LA MEDIATION DE L'ANGLETERRE.

La Paix sur le Globe du Monde, tient Mars et la Guerre enchainée, des auprès luy portent les armes de France et de Hollande par le moyen de celles d'Angleterre, et Mercure vient s'offrir à la Paix pour renouveller le commerce et l'abondance.

CXI

La Liberté de la Hollande, s'appuye sur la Prudence, et est soutenue de la Paix. LA LIBERTE VILLE DE LA PAIX EST SOUVENUE PAR LA PRUDENCE.

La Ville de Nimegue, au delà de laquelle, sont les armoiries de France et des Provinces unies, liées ensemble, le Soleil Symbole de la Paix, QVI AVOIT FINI AV RHIN, POVR RENAISTRE AV VAHAL.

CXII

Une Tige de Lys, entrelassée avec les sept Fleches des Provinces unies, par une Couronne fermée QVI LES SEPARERA Legende. LE FRANCOIS ET LE LION HOLLANDOIS, JOIGNENT LEURS LYS ET LEURS FLECHES.

LA PAIX QVI VIENT DE DIEV, APPORTE LA JOYE AV PEVPLE.

CXVII
ASSERTORI
SECVRITATIS
PVBLICAE

A L'AVTHEVR DE LA SVRETE' PVBLIQVE
la couronne de Branches de chesne, pour ceux dont la Force
et le courage asseurent le repos, et la Felicité des Peuples.

CXVIII
QVOD
ARGENTORATO RECEPTO
EODEMQVE DIE
CASALIS ARCE IN FIDEM ACCEPTA
GALLIAE SECVRITATI,
GERMANIAE ATQVE ITALIAE
OPE FELICISSIME
PROSPEXERIT.
1681

Pour avoir asseuré en mesme temps le repos de la France,
de l'Allemagne, et de l'Italie, en recevant en sa mesme jour
les villes de Strasbourg, et de Casal 1681.

CXIX
· D · O · M ·
·LVDOVIC· MAGN·
·VICTOR· PACIF· P·P·
PER· FRANCISC· DE· HARLAY
·PARIS· ARCH·
·DVC· PAREMQ· PR·
·PRIMVM LAPIDEM POSVIT
IN· SEMIN· MISSIONVM
AD· EXTEROS·
AN· SAL· MDCLXXXIII·
DIN· XLI· PONT·

Medaille pour la Premiere Pierre de l'Eglise du Seminaire des
Missions estrangeres, posée par Monseigneur l'Archevesque de Paris
François de Harlay, Duc et Pair de France, au nom du Roy Louis
le Grand, victorieux et Pacifique Pere de la Patrie l'an 1683, sous
le Pontificat d'Innocent XI. ce seminaire est a Paris

CXX
QVOD BELLO
AB HISPANIS LACESSITVS,
ET CAVSA ET MILITE SVPERIOR,
LVCEMBVRGO SVBACTO,
IMMORTALEM
QVAM ARMIS NACTVS EST GLORIAM,
CONCESSA ITERVM EVROPAE
TRANQVILLITATE CVMVLARIT
MDCLXXXIV

Medaille a l'honneur du Roy, qui apres la declaration de la Guerre faite par les Espagnols, et la Prise de Luxembourg pouuant se
servir avantageusement de ses Forces, cede ses droits, donne vne seconde fois la Paix a l'Europe, sans manquer pas aucun de gloire parmi la paix, qu'il sen estoit acquis par ses armes victorieuses.

CXXI
VRBIS
ORNAMENTO
ET
COMMODO,
PONS AD LVPARAM
CONSTR·
ANN· MDCLXXXV

Medaille pour la premiere Pierre du Pont-Royal, Basti auprès du Louvre, pour l'ornement et commodité de la ville de
Paris 1685.

CXXII
LA DOMINANTE POTESTATI MARIS
LVDOVICVS
MAGNVS
VT MARIS IMPERIVM
VIRTVTE PARTVM
RELIGIONE TVERETVR,
SEMINARIVM BRESTENSE
EXTRVXIT,
ET PATRIBVS SOCIETIESV
ADMINISTRANDVM
COMMISIT
AN MDCLXXXV
VOVS DOMINEZ SVR LA PVISSANCE DE LA MER

Louis le Grand pour conserver par la Religion l'Emp.re de la Mer
qu'il a acquis par sa valeur, a fondé le Seminaire de Brest et en
a confié le soin aux Peres de la Compagnie de Iesus 1685.

CXXIII

CXXIV

La Reine estant morte le 30 Juillet 1683 on fit cette Medaille pour conserver la memoire de cette Illustre Princesse PETITE FILLE DES EMPEREVRS FILLE DES ROIS, ESPOUSE DE LOUIS LE GRAND MERE DE MONSEIGNEUR LE DAUFIN, L'AMOUR ET LE DESIR DE SES PEUPLES

CXXV

CXXVI

cette Medaille frappée en Hollande marque le chagrin de nos huguenots refugiez, par la revocation des Edits de Nantes et de Nismes, et sur la necessité d'embrasser la Religion Romaine, ou de passer pour rebelles.

La ligue d'Ausbourg, ou les Princes d'Allemagne formerent de si vains projets contre la France est representée par la foible de la seurie qui naist de l'enfantement des Montagnes.

CXXVII

Les Allemans reconnoissent par cette Medaille que la prise de Bude n'est pas moins un effet de la suspension d'armes du Roy qui donna lieu aux Imperiaux de poursuivre leurs conquestes, que des armes victorieuses de l'Empereur, le Soleil et ces mots MESTANTE POUR LEUR DONNER LOISIR DE VINCRE font allusion à Leue et au Roy, et il faut lire LEOPOLDI ARMIS ET ARMISTITIO LUDOVICI BUDA CAPTA, par les armes de Leopold, et la suspension des armes de Louis

CXXVIII

CXXIX

le Roy ayant esté guery l'an 1687 après avoir rendu à Dieu
dans l'Eglise de N.D. de Paris de Solennelles actions de graces
le 30e Ianv. honoré Banquet de Ville, de sa présence, et y a esté servi
par les Magistrats, la Médaille represente L'AMOVR MVTVEL
DV ROY, ET DV PEVPLE

LE BRVIT DE LA VERTV DV ROY a attiré à ses pieds
des Ambassadeurs de tous les endroits de la Terre, entre autres
ceux du Roy de Siam qui eurent audience Solennelle à Versailles

CXXX

CXXXI

cette Medaille represente la Nouvelle decouverte DES 6 SATEL-
LITES DE SATVRNE faite dans l'Observatoire, l'an 1686 Mr.
de Cassini des Sçiences leur ont donné le Nom D'ASTRES
DE LOVIS LE GRAND

LA FRANCE AYANT OBTENV PAR SES VOEVX
le rétablissement parfait de la Santé du Roy, rend de Solennelles
actions de Graces À DIEV CONSERVATEVR DV PRINCE.

CXXXII

CXXXIII

LVDOVICO MAGNO
QVOD SOLVTIS IN ÆDE DEIPARÆ
PRO RESTITVTA SALVTE VOTIS
IN BASILICA PARISIENSI
PRÆFECTORV EDILIBVS MINISTRANTB
PVBLICE EPVLARI VOLVERIT
XXX. IANVAR. M.DC.LXXXVII
PRÆFECT ET ÆDIL ÆTERNVMHOC
SVÆ ET PVBLICÆ FELICITATIS
MONVMENTVM C.C.
M

LES VOEVX DE LA FRANCE POVR LA SANTÉ
ET LA CONSERVATION DV MEILLEVR DE TOVS
LES PRINCES.

le Prevost des Marchands, et les Eschevins de Paris ont fait
frapper une medaille à la Gloire de Louis le Grand, qui après
avoir rendu ses voeux à Dieu dans l'Eglise N.D. pour le rétablissement de sa santé, fit l'honneur à la Ville de dîner dans son Hôtel,
... par le Conseil des Marchands, Exchevins etc. le 30 Iuin 1687

le Sieur Bernine fit ce Medaillon pour la Paix, et le proposa pour Prix, a celuy qui feroit le plus beau devise a la Gloire du Roy. il represente le soleil qui dissipe les Brouillars, et chasse les oiseaux de Nuit et les Monstres, et la Legende tiree du Ps. 45. dit VENEZ ET VOYEZ LES OVVRAGES DV SEIGNEVR, ET LES PRODIGES QVIL A FAITS SVR LA TERRE, IL A FAIT CESSER LES GVERRES.

LA LIBERALITE RECOMPENSE LES ARTS, et represente les Bienfaits du Roy repandus sur les personnes les plus habiles dans les Beaux-Arts.

c'est le Plan de Philipsbourg Pris par l'Armée du Roy commandée par Monsr. la Victoire qui tient un pied sur l'orne du Rhin, et une couronne murale marque cette conqueste, se Glorieuse a Monseigneur, et le temps fait voir que c'est SAGEMENT que l'on s'est rendu maistre de cette Place si importante, a l'Estat de nos affaires en Allemagne.

une couronne de Grenades et de Roses offerte A LOVIS LE GRAND, PROTECTEVR DV ROY, ET DE LA REINE D'ANGLETERRE, ET DV PRINCE DE GALLES, QVIL A CONSERVEZ contre les mauvais desseins de leurs Ennemis.

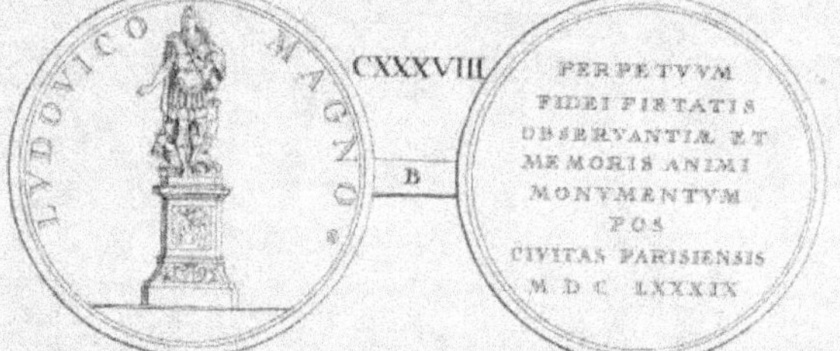

la Ville de Paris pour temoigner sa reconnoissance de l'honneur que luy fit le Roy l'an 1687. de visiter l'Hostel de ville et d'y Disner, versa par les Echevins, luy a fait dresser une statue de Bronze comme VN MONVMENT ETERNEL DE SA FIDELITÉ, DE SON RESPECT, DE SA PIETE, ET DE SA RECONNOIS SANCE. c'est le sujet de cette Medaille.

CXXXIX

CXL

Le 2 may 1668 fut conclu à Aix la chapelle un nouveau traité de Paix par le quel toutes les conquestes que le Roy avoit faites en Flandre Cambresis auparavant luy demeuroient en rendant la Franche Comté, c'est cette Paix si desirée que ce Roy PRÉFÉRA A LA GLOIRE DES TRIOMPHES.

cette Bombe qui d'un seul coup fait sauter un Fort en même tems le feu aux poudres representa l'Expedition de Tabago faite par M. le Marechal d'Estrées Viceadmiral du Ponant l'an 1677.

CXLI

Marie Louise d'Orleans fille de Monsieur Philippe de France frere unique du Roy, et de Madame Henriette Anne Princesse d'Angleterre, fut mariée à Charles 2 Roy d'Espagne l'an 1679. PRINCESSE DIGNE D'AUTANT DE COURONNES que cette Monarchie se trouve divisée de Royaumes.

CXLII

M. du Bois Guerin pour marquer son Zele et son attachement au service du Roy, a voulu que l'Image de ce Monarque fut comme le Genie tutelaire de sa Maison ou il a élevé cette statue en marbre, du Roy DEFENSEUR ET PROTECTEUR DE LA RELIGION, et pour en perpetuer le souvenir, il a fait frapper cette Medaille ou le Roy foule aux pieds l'Heresie.

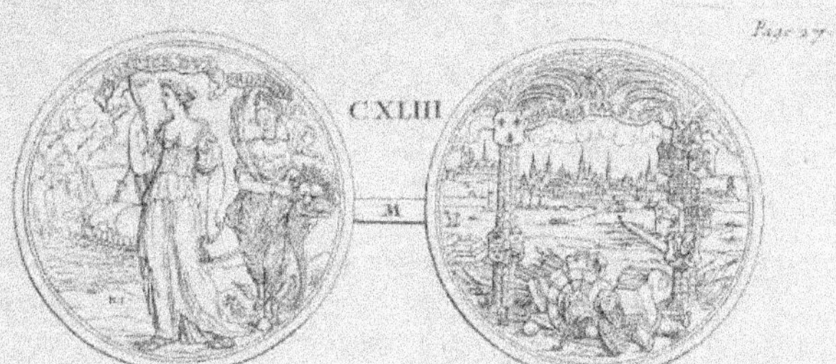

CXLIII

La Prudence qui enchaisne la fortune Enseigne qu'il faut se servir de l'occasion favorable que presente la Paix pour asseurer les Conquestes que l'on a faites.

La Paix faite a Nimegue entre les Couronnes et les Estats, dont les Armoiries sont attachées a deux Palmiers.

CXLIV

La Paix qui vient du Ciel asseure le Repos des Peuples enchaisnant la Guerre et l'Envie.

La Hollande reconnoist par cette Medaille que la Treve prevenant accordée par le Roy, asseure la Religion sçavoir pour un detail et la Liberté representée par un cheval qui n'a qu'elle n'a bride, et que c'est avec quelle s'est delivrée du double joug.

CXLV

Les Hollandois reconnoissent par cette Medaille que pour faire la Paix il faut prudemment se servir de la Protection du Roy, de leur argent, et de leurs Forces; c'est la Prudence qui sur une Enclume a l'ombre d'un bouclier d'une Espée et d'une branche d'oranger transforme une Palme en Caducée.

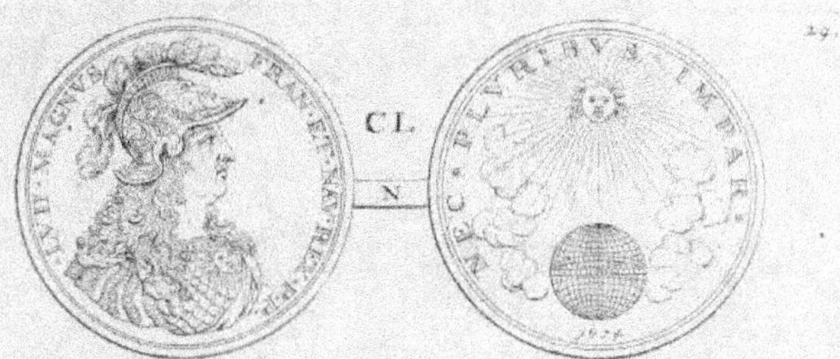

CL

Cette Devise du Roy fait le Revers de plusieurs Medailles mais en celle cy ou le Soleil dissipe les Nuages, le Roy son nom et a le Titre de GRAND et de PERE DE LA PATRIE.

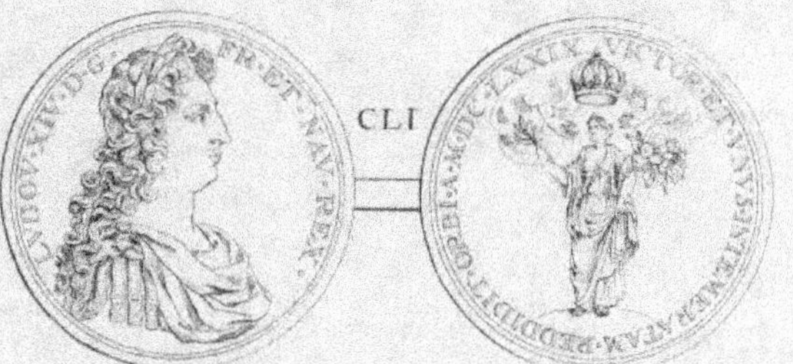

CLI

Le Roy Victorieux rendit seul au Monde la Paix l'an 1679, comme le fruit de ses Victoires elle sort ainsi de ses mains comme un present du Ciel qu'il fait a la terre par pure clémence.

CLII

La Ville de Rome a consacré ce Monument au zele DU ROY TRES CHRESTIEN LOUIS LE GRAND, PLUS GRAND ENCOR PAR SA VERTU QUE PAR LE RANG QU'IL TIENT et la Victoire qui eleve la Couronne Royale au devers de la Croix qui tient la Religion et qui a Lhoreuil sous ses pieds, assure que PENDANT QUE LE ROY SERA VICTORIEUX, LA RELIGION TRIOMPHERA

CLIII

VICTORIA · PACIFERA ·

HISPANIS · CAESIS ·
AD DVNAS PROPE CALESIA
M. DC. LVII

I

CLIV

VERE GALLICI DECVS ET AVGVR

DVNKERCA DVTA ET AMPLIATA
M DC LXXI

I — O

Cette VICTOIRE PORTANT LA PAIX etc. de la Proc…
represente le Caducee, et le fruit de la Fameuse bataille des
Dunes, ou les ESPAGNOLS FVRENT TAILLE z
EN PIECES, et une grande disposition à la Paix.

La reduction de Dunquerque ayant suivi la bataille des Dunes
et le Roy ayant retiré cette place aux Anglois suivant le traité
fait avec eux avant le siege, la retira de plus de leur domi-
L'AGRANDIT ET LA FORTIFIA POUR LA SVRETE ET
L'ORNEMENT DE NOS COSTES.

CLV

PRO · HOSTIVM · FONTANA ·

AD FOSSAM BRVGENSEM
M DC LXVII

M

CLVI

QVAS CONDIDIT PRVIT ARC…

1674

F

Apres la reduction de L'isle le Roy marche aux Ennemis
qui estoient en campagne vers la Comte de Marsin, les mit en
fuite, les fait poursuivre iusques vers les murailles de Bruges, et
à la teste du pont du canal oustint aussi partie de ses troupes tous
quaferoient sur les Flamands.

Neptune QVI RENVERSE LES MVRS DE LA VILLE
DE TROYE QVIL AVOIT BASTIS represente en cette
Medaille la Iuste indignation du Roy contre les Hollandois dont il
avoit favorisé l'establissement par la protection qu'il leur avoit donnée.

CLVII

La legende de cette Medaille frappée en Hollande pour la Paix de Nimegue na pas esté fidelement traduite par celuy qui a augmenté
l'Histoire Metallique de Mr l'Abbé Bizot, puis qu'au lieu de marquer qu'elle dire PAR LA VERTV DV SOLEIL, c'est à dire du Roy
QVE LE MONDE A RECEV LA PAIX, il croit que c'est par leurs armes, veu ou que la paix a esté donnée sous le soleil qui
brille sur l'image de la paix conduisent le nuage etc. sa fois le traducteur.

CLVIII

La Ville de Mons presente les clefs au Roy et la Victoire publie en faisant allusion au nom de cette Ville, et a l'attentat des Geants qu'ils ont estés foudroyés et leurs montagnes renversées le 9 Avril 1691.

CLIX

CLX

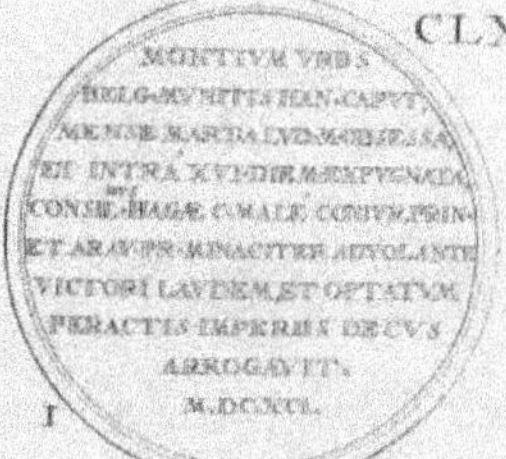

cette Medaille represente la ville de Mons en Hainaut et la coste de Nice et de Villefranche prises l'an 1691, et la Legende tirée des paroles d'un songe dit que le Roy a estendu ses mains par les Monts et qu'il a cette epreuve en dans plusieurs. R. sommets et R. ce que ce sont la preludes de la Campagne.

La Ville de Mons capitale du Hainaut a esté au mois de mars et prise en 18 jours par Louis le Grand tandis que les Princes s'assembloient a la Haye et le Prince d'Orange, y accourut pour secourir la place la vit prendre a ses yeux, et honora de sa presence le triomphe du Roy.

CLXI

Louis le Grand Roy de France Pieux Auguste consacre A DIEU TRES BON ET TRES GRAND A LA FAVEUR DUQUEL IL A VAINCU SES ENNEMIS ET LES TROUPES DES ALLIEZ A FLERUS ET A LEUSE les depouilles qu'il leur a enlevés de CXLVII Drapeaux, Estendards, Cornettes, et Pavillons, et les a fait choir dans l'Eglise de N. D. de Paris l'an 1691, les mots de la Legende tirés du 94 de la Genese furent dits par le grand Peintre Melchisedech Abraham Victorieux une seule maison de cinq Rois confederés, et l'abbé Bizot autheur de la Medaille les a appliqués au Roy et a M. l'Archevesque de Paris.

LOUIS LE GRAND ROY TRES CHRESTIEN TOUSJOURS HEUREUX, TOUSJOURS VICTORIEUX, ET SUR MER ET SUR TERRE remporte trois grandes Victoires en 1690, l'vne à Florus le 3 Juillet, l'autre à Staffard en piedmont le 28 Aoust, et la troisieme sur Mer le 12 Juillet.

Louis le Grand Roy des François, toujours Heureux, toujours Auguste Pere de la Patrie, par la Victoire remportée sur Mer AUPRES DE BEVESEN OU LES ANGLOIS ET HOLLANDOIS VNIS ENSEMBLE FURENT BATTUS et la plupart de leurs vaisseaux brulez ou coulez à fond, S'ASSURA L'EMPIRE DE LA MER l'an 1690.

Louis le Grand toujours Invincible donne la Chasse aux Anglois et aux Hollandois, le 10 Juillet l'an 1690, et Neptune par vn Vers de Virgile Commande à ces peuples conjurez DE FUIR ET DE CEDER AU ROY L'EMPIRE DE LA MER.

CLXV

A Louis le Grand qui a pris par la force de ses Armes, et conservé en mesme temps la ville
de Namur, les Magistrats et le peuple pour temoigner leur reconnoissance envers un Prince si
bon et si genereux ont consacré ce monument 1692.

Namur representé par la Meuse, et la Sambre avec une Inscription qui marque sa prise
sous les yeux de cent mille Espagnols, Anglois, Allemans, et Hollandois dont on voit les Drapeaux.
la Victoire en apporte au Roy la Couronne et la Palme.

Namur pris par le Roy le 30 de Iuin 1692 a la vüe du Prince d'Orange et du Duc de Baviere
suivis de cent mille Hommes, le mot est que LA VICTOIRE PREND PLAISIR A AVOIR
BEAUCOUP DE TEMOINS.

LOVIS DAVPHIN FILS DE LOVIS LE GRAND, et de Marie Therese Infante d'Espagne. Naquit a Fontainebleau le 5 Novembre 1661, fit sa premiere campagne 1688 &c. et prit Philipsbourg. Sa Medaille est l'Estoille du Matin, qui SEVLE ENTRE TOVS LES ASTRES, BRILLE EN PRESENCE DV SOLEIL.

PHILIPPE DE FRANCE Fils de Louis XIII, et d'Anne Infante d'Espagne, frere Vnique de Louis le Grand. Naquit a S. Germain en Laye le 21 Septembre 1640, porta d'abord le nom de Duc d'Anjou, et depuis d'Orleans en 1660, a toujours suivi le Roy son Frere en toutes ses conquestes, gagna la fameuse Bataille de Cassel, fit plusieurs Sieges avec succez, a porté pour Devise une Bombe avec ces mots Latins qui signifient qu'APRES LA FOVDRE DES DIEVX IL N'EST RIEN DE SI TERRIBLE QVE LVT.

LOVIS DE BOVRBON Duc d'Enguien et depuis Prince de Condé, s'est rendu celebre par un grand nombre de fameuses Campagnes, il gagna les Batailles de Rocroy, de Fribourg, de Norlingue, de Lens et de Senef, prit dans l'Allemagne et dans les Pays bas un grand nombre de villes. Sa Medaille represente un Arc de triomphe, sous lequel il a passé, suivi de la Victoire qui le couronne, et tournant la teste il montre au Duc aujourd'huy Prince de Condé son Fils qui le suit, et qui donne à Mr. le Duc de Bourbon a marcher sur les pas de son Ayeul, qui leur a frayé le chemin pour aller à la Gloire.

* 9 7 8 2 3 2 9 2 4 3 5 6 6 *